NICOLE JUST | FOTOS: RENÉ RIIS

LA VEGANISTA

Mein selbst gemachter Power-Vorrat

UND WAS ICH DAMIT KOCHE

REZEPTE: NICOLE JUST
FOTOS: RENÉ RIIS

LA VEGANISTA

MEIN POWERVORRAT

LIEBE LESERINNEN, LIEBE LESER,

herzlich willkommen im vierten Veganista-Band! In den letzten vier Jahren und vergangenen drei Veganista-Bänden haben Sie zahlreich mit mir gekocht und gebacken. Für mich waren die letzten Jahre eine unglaubliche Reise – an dieser Stelle ein großes Dankeschön für Ihr Vertrauen!

Die „vierte Veganista", in die Sie gerade hineinschauen, beschäftigt sich nun mit Techniken der Haltbarmachung: Einkochen, Fermentieren, Einlegen, Einfrieren und Dörren und damit, wie man die Methoden in der modernen Zeit praktisch anwenden kann. Heute gibt es alles zu kaufen, auch pflanzliche Fertiggerichte und Convenienceprodukte. Niemand MUSS heute mehr selbst einkochen – sollte es aber immer öfter tun, denn Fertigprodukte sind oft teuer, mehrfach in Plastik verpackt, geschmacksneutral oder sie enthalten Zusatzstoffe. Viele Kompromisse im Tausch für ein bisschen gesparte Zeit.

Darum habe ich nach Wegen gesucht, beides – hausgemachtes, gesundes, frisches, nahrhaftes Essen UND die alltägliche Zeitnot – irgendwie doch zusammenzubringen. Und da sind mir die Vorratsregale eingefallen, die meine Großeltern in jedem Sommer befüllt haben. Wenn es zeitlich mal knapp war, es noch schnell etwas Süßes sein sollte oder die Marmelade mal wieder weggefuttert war – Oma hatte immer etwas Selbstgemachtes parat, das sie einfach aus ihrem „Zauberregal" ziehen konnte.

Und das können wir heute genauso machen, es braucht nur Routine und am besten einen festen »Kochtag« pro Woche. Ich nutze meinen Kochtag, meistens ein Sonntag, für eine Kühlschrankinventur und um Gerichte bzw. Basics vorzubereiten. So kann ich in Stresssituationen auf meine Vorräte zurückgreifen und tappe nicht in die Fertiggerichte-Falle. An diesem Kochtag blubbern Chutneys auf dem Herd, ich blanchiere Gemüse und friere es mit hausgemachten Würzöl-Würfeln ein, stelle Nussmuse her oder mache Haselnuss-Schoko-Aufstrich. Wenn noch Zeit bleibt, wird ein Nudelteig geknetet und eingefroren oder ich bereite das Frühstück für mehrere Tage vor. Sie können genau so würzen, wie Sie es mögen, sparen Geld und Verpackungsmüll und essen lecker, gesund und natürlich.

Einmal vorbereiten, mehrfach und variantenreich essen – das ist das Credo der Rezepte in diesem Buch. Werden Sie selbst kreativ und lassen Sie sich inspirieren. Ich wünsche Ihnen viel Spaß beim Selbermachen und ein verdientes Lächeln auf dem Gesicht, wenn Sie die ersten eigenen Vorräte aus Ihrem persönlichen »Zauberregal« ziehen können!

Ihre Nicole Just

DIE GU-QUALITÄTS-GARANTIE

Wir möchten Ihnen mit den Informationen und Anregungen in diesem Buch das Leben erleichtern und Sie inspirieren, Neues auszuprobieren. Bei jedem unserer Bücher achten wir auf Aktualität und stellen höchste Ansprüche an Inhalt, Optik und Ausstattung. Alle Rezepte und Informationen werden von unseren Autoren gewissenhaft erstellt und von unseren Redakteuren sorgfältig ausgewählt und mehrfach geprüft. Deshalb bieten wir Ihnen eine 100 %ige Qualitätsgarantie.

Darauf können Sie sich verlassen:
Wir legen Wert darauf, dass unsere Kochbücher zuverlässig und inspirierend zugleich sind.
Wir garantieren:

- dreifach getestete Rezepte
- sicheres Gelingen durch Schritt-für-Schritt-Anleitungen und viele nützliche Tipps
- eine authentische Rezept-Fotografie

Wir möchten für Sie immer besser werden:
Sollten wir mit diesem Buch Ihre Erwartungen nicht erfüllen, lassen Sie es uns bitte wissen! Wir tauschen Ihr Buch jederzeit gegen ein gleichwertiges zum gleichen oder ähnlichen Thema um. Nehmen Sie einfach Kontakt zu unserem Leserservice auf. Die Kontaktdaten unseres Leserservice finden Sie am Ende dieses Buches.

GRÄFE UND UNZER VERLAG
Der erste Ratgeberverlag – seit 1722.

KV

SERVICE

* Im Glossar sind alle Zutaten erklärt, die in den Zutatenlisten der Rezepte mit einem Sternchen gekennzeichnet sind.

SÜSSER VORRAT

GRUNDREZEPTE & MEHR

Zwischendurch kommt diese Lust auf etwas Süßes. Und der gebe ich nach Herzenslust mit eingemachtem Obst, weißer Schokolade oder cremigen Brotaufstrichen aus meiner Vorratskammer nach!

SEITE 19

HERZHAFTE BASICS

AUS GEMÜSE, HÜLSENFRÜCHTEN & MEHR

Eingelegtes im Glas gibt's jetzt selbst gemacht – da kann jeder Supermarkt einpacken. Mit Chilibohnen und Gewürzaufschnitt bin ich das ganze Jahr für alle Situationen bestens gewappnet.

SEITE 65

FAST-FERTIG-IDEEN

TEIGE, PATTY, SAUCEN & CO.

Einmal vorbereitet, eingefroren oder eingekocht warten Semmelknödel und Gemüsebolognese geduldig auf ihren Einsatz an stressigen Tagen – einfach öffnen und (fast) fertig ist die Mahlzeit!

SEITE 97

KOCHEN UND BACKEN

AUS DEM DIY-VORRATSSCHRANK

Ab und an plündere ich den Vorratsschrank. Dann krönt der hausgemachte Ketchup die Couscous-Bowl und das Nusstopping läuft auf gebackenen Champignons zur Höchstform auf. Da macht der DIY-Vorrat gleich zwei Mal Freude!

SEITE 147

SERVICE

VEGANER DIY-VORRAT

KNOW-HOW FÜR EINKOCH-FREAKS

FÜR DIE PRAKTISCHE VORRATSKÜCHE BENÖTIGEN SIE WEDER TEURES EQUIPMENT NOCH JAHRELANGE KOCHERFAHRUNG. WICHTIG SIND NUR LUST AUF GUTES, FRISCHES, LECKERES ESSEN UND – DAMIT ES NOCH MEHR SPASS MACHT – DIE FOLGENDEN TRICKS UND BASICS AUS MEINER KÜCHENROUTINE.

GRUNDAUSSTATTUNG

FÜR IHRE EIGENE VORRATSKÜCHE

WENIGER IST MEHR

Als ich anfing, Vorräte selbst herzustellen, war mir eine Sache besonders wichtig: einfaches Equipment! Früher waren riesige Einkochtöpfe schwer in Mode, die kennen viele – ich auch! – noch aus der Kindheit. Für damalige Verhältnisse waren die sicher superpraktisch, allerdings passen sie heute nicht mehr so ganz in die Küche. Für kleinere Vorräte ist es praktischer, im Backofen einzukochen – es steht kein Topf im Weg und besonders viel Aufmerksamkeit während des Einkochens erfordert diese Methode auch nicht.

PRAKTISCHE GLÄSER

Die meisten Gerätschaften haben Sie sicher zu Hause. Sie benötigen einige Twist-off-Gläser, also Gläser mit Deckel zum Draufschrauben (auch Schraubgläser genannt). Das können beispielsweise alte Gurken- oder Marmeladengläser sein. Gläser, in denen etwas eingekocht werden soll, brauchen einen einwandfreien Deckel, weil sie sonst nicht richtig schließen. Keine Sorge, auch wenn der Deckel innen schon Kratzer hat, können Sie das Glas noch zum Aufbewahren von trockenen Mischungen oder zum Einfrieren verwenden. Wie das geht, ohne dass das Glas platzt? Auf der nächsten Seite verrate ich den – ganz einfachen – Trick! Außerdem lassen sich die Deckel natürlich erneuern, man kann sie im gut sortierten Supermarkt nachkaufen.

Die guten ins Töpfchen, die schlechten ins Kröpfchen: Nur die schönsten Beeren dürfen in die Konfitüre.

Backmischungen oder herzhafte Mixe fülle ich in Flachrand- oder Einkochgläser, weil sie dekorativ aussehen. Sie haben meist einen Glasdeckel, der beim Einkochen mit dazugehörigen Klammern und Gummiring fixiert wird. Beim Erhitzen bildet sich zuerst ein Überdruck im Glas, beim Abkühlen dann ein Vakuum – der Effekt: Der Deckel saugt sich fest und schließt luftdicht ab. Tipp: Mit dem Vakuum hat es geklappt, wenn die Deckel von Twist-off-Gläsern sich im abgekühlten Zustand nicht mehr herunterdrücken lassen. Aufgrund dieses Verschlussmechanismus heißen sie auch oft Bügelgläser. Gefüllt ergeben sie eine »essbare Küchendeko« oder nette Geschenke für liebe Menschen.

KOCHENDE LEIDENSCHAFT

Zum Einkochen im Backofen brauchen Sie außerdem eine tiefe Fettpfanne. Das ist ein tiefes Backblech, das sich vor allem zum Einkochen größerer Mengen eignet, weil darauf viele Gläser Platz finden. Für kleine Mengen bis zu 6 Gläsern mit ca. 350 ml Inhalt eignet sich auch eine Auflaufform (ca. 20 x 30 cm). Achtung, heiß! Also am besten immer mit Ofenhandschuhen arbeiten.
Ich empfehle Ihnen darüber hinaus einen stabilen Einfülltrichter mit breiter Öffnung. Wenn es darum geht, Gläser blitzschnell und sauber zu füllen, ist so ein Trichter unschlagbar! Und teuer ist er auch nicht.

MMH – DAS IST FRUCHTGLÜCK HAUSGEMACHT!

AB INS EIS

Zum Einfrieren benötigen Sie einige Plastikboxen oder Gefrierbeutel (mit 1, 2 und 3 l Inhalt). Damit man später noch weiß, was in den ganzen Beuteln und Schachteln im Gefrierfach oder -schrank gelagert ist, sollte man alles immer eindeutig beschriften. Nicht vergessen: Das Datum des Einfrierens. Und bitte regelmäßig die TK-Vorräte prüfen und im Zweifel verbrauchen. Eiswürfelformen eignen sich nicht nur für einen nie endenden Vorrat an Eiswürfeln, sondern auch zum Einfrieren von Würzöl und Kaffee-Eiswürfeln.

ALLROUNDTALENTE

Ebenfalls sehr wichtig in meiner Küche: Ein Holzlöffel mit rundem Stiel – nicht nur zum Umrühren, sondern auch zum Teigkneten. Hefe- oder Nudelteige rühre ich zum Beispiel mit dem langen Stiel des Löffels so lange, bis sich große Teigstücke gebildet haben. Dann knete ich per Hand weiter. Der Vorteil? Die Hände bleiben fast sauber und der Holzlöffel ist schneller gereinigt als jedes elektrische Küchengerät. Das Sie natürlich auch gern verwenden können, aber eben nicht extra anschaffen müssen. Egal, ob mit maschineller Unterstützung oder ohne – das Kochen soll Spaß machen!
Außerdem kommen bei mir häufig ein feines Sieb und ein Passiertuch zum Pressen von Pflanzendrinks zum Einsatz. Passiertücher finden Sie im gut sortierten Supermarkt, ein sauberes Leinen- oder Mulltuch erfüllt den Zweck aber genauso gut.

Soweit zur Hardware – jetzt geht's aber wirklich ans Eingemachte bzw. ans Einmachen! Auf den nächsten Seiten finden Sie Grundwissen zu den verschiedenen Methoden der Haltbarmachung, zwei verschiedene Methoden, Gläser zu sterilisieren und weitere nützliche Tipps.

DAS 1 X 1 DER HALTBARMACHUNG

EINKOCHEN, TROCKNEN, FERMENTIEREN ... DAS IST GAR NICHT SCHWER! NUR ABSOLUTE SAUBERKEIT IST WICHTIG. SEHEN SIE IHRE VORRÄTE HIN UND WIEDER DURCH: HABEN DIE GLÄSER AM DECKEL EIN LECK ODER HAT SICH DIESER GELOCKERT BZW.AUFGEBLÄHT? IST DER INHALT VERFÄRBT ODER RIECHT ER BEIM ÖFFNEN SCHLECHT? DANN IST BEIM EINKOCHEN ETWAS SCHIEF GELAUFEN, BITTE NICHT MEHR ESSEN!

MILCHSÄUREGÄRUNG

Die Gärung mithilfe von Milchsäurebakterien zählt zur Fermentation, der biochemischen Veränderung von Lebensmitteln unter Luftabschluss. Lebensmittel werden dadurch haltbar und oft auch bekömmlicher. Dazu legt man beispielsweise Gemüse in Salzlake ein oder mischt es direkt mit Salz. Da fermentierte Lebensmittel, zum Beispiel Kohl und Wurzelgemüse, sehr schonend verarbeitet sind, enthalten sie noch einen Großteil der Vitamine. Fermentieren kann man auch Nusspasten (siehe S. 72), Joghurt ist ebenfalls ein Fermentationsprodukt. Ich verwende zum Fermentieren Bügel- oder Twist-off-Gläser – ideal, um kleine Mengen haltbar zu machen.

EINKOCHEN

Hierbei füllt man die Lebensmittel roh (z. B. Obst und Gemüse) oder gekocht (z. B. Saucen) in sterile Gläser und erhitzt sie im Backofen oder Einkochtopf so lange auf Temperaturen von 75–100°, bis Bläschen in den Gläsern aufsteigen. Die Hitze tötet schädliche Mikroorganismen, die über dem Einkochgut liegende Luft entweicht.

EINLEGEN

Einlegen lässt sich Gemüse in Öl oder Essig-Öl-Gemischen, aber auch Obst in Sirup. Die Speisen halten nur einige Wochen, allerdings sind viele so lecker, dass sie sowieso viel zu schnell aufgegessen sind. Eingelegte Paprika in Olivenöl (siehe S. 82) sind so ein »Gleich-wieder-weg«-Vorrat.

HEISS EINFÜLLEN

Wie der Name sagt, werden dabei gekochte Zutaten noch heiß in sterilisierte Gläser gefüllt – ideal für Hülsenfrüchte, Konfitüren oder Chutneys. Die Gläser muss man jedoch nicht mehr zusätzlich erhitzen. Beim Heißeinfüllen – ebenso wie beim Einkochen – sollten die Gläser langsam abkühlen (am besten mit einem Küchentuch bedeckt), damit das gewünschte Vakuum auch wirklich entsteht. Bevor ich heiße Zutaten einfülle, spüle ich bereits sterilisierte, aber wieder abgekühlte Gläser nochmals heiß aus, damit sie beim Einfüllen nicht platzen.

EINFRIEREN

Beim Konservieren durch Temperaturen um ca. -18° bleiben Nährstoffe, Aroma und Aussehen von Obst, Gemüse & Co. erhalten. Dazu verwende ich Plastikboxen, Gefrierbeutel und Gläser. Sogar Saucen, Suppen und Dressings kann man in Gläsern einfrieren – dann aber nur zu drei Vierteln füllen, damit das Glas nicht platzt. Gemüse und Obst friere ich einzeln auf Blechen ein und packe sie dann in Gefrierbeutel oder Plastikboxen um. So lässt es sich leicht portionieren. Saucen und Suppen friere ich meist flach in Gefrierbeuteln ein, das spart jede Menge Platz. Kleinere Suppenportionen, Saucenreste, nicht verwendeten Zitronensaft oder übrig gebliebenes Dressing lassen sich prima in Eiswürfelformen oder kleinen Twist-off-Gläsern einfrieren. Die meisten Obst- und Gemüsesorten halten sich eingefroren 8–10 Monate. Saucen, Suppen, Dressings verbrauche ich innerhalb von 6–8 Monaten. Obst und Backwaren bei Raumtemperatur auftauen, Brot und Brötchen können Sie auch gefroren im vorgeheizten Ofen aufbacken. Gemüse und Kartoffelprodukte verarbeite ich direkt aus dem Tiefkühlgerät.

TIPPS UND TRICKS AUS DER VORRATSKÜCHE

GLEICH DÜRFEN SIE IN SACHEN VORRATSHALTUNG DURCHSTARTEN. SEIEN SIE DABEI AM BESTEN MÖGLICHST PRAGMATISCH - SCHLIESSLICH SOLL DER VORRAT AM ENDE JA ZEIT SPAREN, MIT LIEBE HERGESTELLT UND VOR ALLEM LECKER SEIN. ICH VERRATE IHNEN EIN PAAR MEINER BESTEN PRAXISTIPPS UND -TRICKS. SO GEHT ALLES FIX UND IM BESTEN FALL SOGAR OHNE VIEL ABFALL. PERFEKT, ODER?

GLÄSER IM OFEN STERILISIEREN

Saubere Gläser ohne Deckel nebeneinander auf ein Backblech setzen und im auf 110° vorgeheizten Ofen (unten) ca. 15 Min. erhitzen. Währenddessen die Schraubdeckel ca. 10 Min. auskochen. Die Gläser aus dem Ofen nehmen und auf einem sauberen Küchentuch abkühlen lassen. Die Deckel abtropfen lassen und innen nicht mehr berühren!

STERILISIEREN IM KOCHTOPF

Alternativ können Sie einen großen Topf mit 3 Lagen Küchenpapier auslegen (damit es nicht so klappert), die Gläser und Deckel hineinlegen und vollständig mit Wasser bedecken. Aufkochen und zugedeckt ca. 10 Minuten kochen. Danach vorsichtig aus dem Wasser auf ein sauberes Küchentuch heben und trocknen lassen.

DIY-ETIKETTEN AUS LACK

Sie können Etiketten aus Pappe zuschneiden und aufkleben. Oder mit einem abwaschbaren Glasstift einfach direkt auf das Glas schreiben! Vorratsgläser für Zucker, Paniermehl oder Mehl lassen sich dauerhaft mit Tafellack einpinseln. Dafür am besten einen Teil des Glases (er soll fettfrei und trocken sein!) lackieren und 48 Std. trocknen lassen, dann mit Kreidestiften (immer wieder neu) beschriften. Blättern Sie auf S. 37 – dort ist es zu sehen.

CLEVERE RESTEVERWERTUNG

Apfel- und Birnenschalen lassen sich zu Essig vergären (siehe S. 66), Putzreste von Gemüse (z. B. Kerne und Schalen) sammle ich in einer Plastikbox im Gefriergerät. Wenn ich Zeit habe, koche ich daraus Gemüsefond (siehe Tipp S. 128). So entstehen aus »Abfall« neue Grundprodukte. Brotreste zerkleinere ich grob und trockne sie. Hin und wieder kontrollieren, ob nichts schimmelt und – wenn genug trockenes Brot zusammengekommen ist – im Standmixer oder Blitzhacker zu Paniermehl mahlen. Ausgekochte Vanilleschoten schneide ich klein, trockne sie und fülle sie danach in eine alte Pfeffermühle. Schon ist die gemahlene Vanille fertig!

TROCKNEN

Sie können Kräuter zum Würzen oder für Tees (im Bund an einen luftigen, trockenen Ort aufgehängt) und rohes Obst oder Gemüse trocknen. Im Sommer lege ich Backbleche mit Backpapier aus und trockne darauf dünne Obst- oder Gemüsescheiben in der Sonne. Im Winter geht es auf der Heizung. Ihr Backofen kann genauso trocknen, das lohnt sich bei großen Mengen – schauen Sie mal auf S. 68! Getrocknete Produkte am besten immer luftig und kühl lagern (Leinensäckchen eignen sich prima dafür!), so kann nichts schimmeln.
Für ca. 1 g getrocknete Zitronenschalen 4 Bio-Zitronen heiß waschen und abtrocknen. Die Schale fein abreiben und in einer kleinen Schüssel an einem trockenen Ort bei Raumtemperatur 8 Std. oder über Nacht trocknen lassen. Danach leicht zerbröseln. Geht genauso mit Orangenschale!

GÜNSTIG EINKAUFEN

Meine Zutaten kaufe ich in Bioqualität und nach Saison. Das wirkt sich nicht nur auf den Preis, sondern natürlich auch auf den Geschmack aus. Sie finden im Internet Websites, auf denen über frei zugängliches Obst und Gemüse informiert wird.
Selbst ernten und sammeln macht richtig viel Spaß. Falls Sie ein bisschen Platz im Garten oder einen Balkon haben – nutzen Sie ihn zum eigenen Anbau. Frisch geerntete Kräuter oder sonnengereifte Tomaten schmecken einfach herrlich!

REZEPTE

FÜR JEDE GELEGENHEIT

AUF DIE GLÄSER, FERTIG, LOS!

JETZT GEHT'S ENDLICH LOS: HALTEN SIE IHRE GLÄSER UND EIN PAAR FRISCHE ZUTATEN BEREIT, UND WIR FÜLLEN UNS GEMEINSAM DEN VORRATSSCHRANK MIT ALLEM, WAS DAS SCHLEMMERHERZ BEGEHRT!

SÜSSER VORRAT

GRUNDREZEPTE & MEHR

ZUM FRÜHSTÜCK DIE HAUSGEMACHTE KONFITÜRE AUF DEN TISCH ZAUBERN ODER EINEN SELBST GEMACHTEN KUCHENMIX BACKEN, WENN SPONTAN BESUCH VOR DER TÜR STEHT. MIT DIESEN SÜSSEN GRUNDREZEPTEN SIND SIE FÜR ALLES GERÜSTET!

FRÜHSTÜCKS-COUSCOUS

FÜNFMAL ANDERS

SCHNELL, PRAKTISCH, LECKER!

FÜR KURKUMA-HASELNUSS-COUSCOUS
1 geh. EL Haselnusskerne
1 Msp. Kurkumapulver

FÜR ZIMT-APFEL-COUSCOUS
1/3 TL Zimtpulver
6 getr. Apfelringe

FÜR KOKOS-VANILLE-COUSCOUS
1 EL Kokosraspel
1/3 TL Bourbon-Vanillepulver

FÜR MAULBEER-HANF-COUSCOUS
1 EL getr. Maulbeeren (Bioladen, ersatzweise Rosinen)
2 TL geschälte Hanfsamen*
1 Msp. Bourbon-Vanillepulver
2 Msp. Zimtpulver

FÜR SCHOKO-BANANEN-COUSCOUS
1 EL getr. Bananenchips
1 geh. TL rohe Kakao-Nibs (ersatzweise gehackte Zartbitterschokolade*, mind. 70 % Kakaogehalt, siehe Tipp)
1/2 TL Kakaopulver
1/2 TL Bourbon-Vanillepulver

AUSSERDEM
400 g Couscous
2 1/2 TL Kokosblütenzucker (Bioladen, ersatzweise Dattel- oder Vollrohrzucker)
Salz
750 ml kochendes Wasser (ersatzweise heißer Pflanzendrink*)
5 Twist-off-Gläser (à ca. 250 ml Inhalt, sterilisiert)

FÜR 5 PORTIONEN
Zubereitungszeit: 20 Min.
Pro Portion Kurkuma-Haselnuss-Couscous ca. 70 kcal, 2 g EW, 1 g F, 14 g KH, pro Portion Zimt-Apfel-Couscous ca. 85 kcal, 2 g EW, 0 g F, 19 g KH, pro Portion Kokos-Vanille-Couscous ca. 70 kcal, 2 g EW, 1 g F, 14 g KH, pro Portion Maulbeer-Hanf-Couscous ca. 90 kcal, 3 g EW, 1 g F, 17 g KH, pro Portion Schoko-Bananen-Couscous ca. 80 kcal, 3 g EW, 1 g F, 16 g KH

1 Je 80 g Couscous in jedes Glas füllen und jeweils 1/2 TL Zucker und 1 Prise Salz dazugeben.

2 Für den Kurkuma-Haselnuss-Couscous die Nüsse in einer Pfanne ohne Fett unter Rühren leicht anrösten. Herausnehmen und abkühlen lassen. Dann die Nüsse grob hacken und mit der Kurkuma in ein Glas füllen.

3 Für den Zimt-Apfel-Couscous den Zimt in ein weiteres Glas füllen. Die Apfelringe in dünne Streifen schneiden und dazugeben. Für den Kokos-Vanille-Couscous Kokosraspel und Vanille in das 3. Glas geben.

4 Für den Maulbeer-Hanf-Couscous Maulbeeren, Hanfsamen, Vanille und Zimt in das 4. Glas geben. Für den Schoko-Bananen-Couscous die Bananenchips grob zerbrechen, mit Kakao-Nibs, Kakao und Vanille in das 5. Glas füllen. Alle Gläser verschließen, trocken und dunkel gelagert lassen sie sich 6 Monate aufbewahren.

5 Zum Zubereiten jeweils 150 ml kochendes Wasser bis ca. 1 cm unter den Glasrand zur gewünschten Couscousmischung gießen und alles gut umrühren. Das Glas locker verschließen und den Couscous ca. 5 Min. quellen lassen. Dann sofort servieren.

MEINE PRAXISTIPPS

Getrocknete Maulbeeren gibt's im Bioladen. Frische sind selten zu finden und lassen sich nur kurz lagern. Kakao-Nibs sind geschälte rohe Kakaobohnen, grob gehackt. Sie sind zuckerfrei und leicht koffeinhaltig, zu finden im Bioladen oder Internet.

I ♡ YOU

KNUSPERMÜSLI

MIT APFEL UND ZIMT

ICH LIEBE KNUSPERMÜSLI! DIE GEKAUFTEN MISCHUNGEN ENTHALTEN OFT IRGENDEINE ZUTAT, DIE ICH NICHT SO GERN MAG. DARUM MACHE ICH MEIN MÜSLI SELBST ... UND VARIIERE DABEI.

FÜR DIE KNUSPERMÜSLI-BASIS (CA. 600 G)

200 g Großblatt-Haferflocken (ersatzweise Dinkelflocken)
200 g Buchweizenflocken (ersatzweise Reisflocken)
3 EL neutrales Pflanzenöl
150 g Ahornsirup* (ersatzweise Agavendicksaft*)
Salz

AUSSERDEM

60 g getr. Apfelringe mit Cassissirup (siehe S. 50, ersatzweise getr. Apfelringe)
6 TL Zimtpulver
2 TL Bourbon-Vanillepulver
1 Twist-off-Glas (ca. 1 l Inhalt, sterilisiert)
Backpapier

FÜR 15 PORTIONEN À 40 G

Zubereitungszeit: 20 Min.
Backzeit: 25 Min.
Pro Portion ca. 170 kcal, 3 g EW, 3 g F, 31 g KH

1 Für die Knuspermüsli-Basis den Backofen auf 170° vorheizen. Ein Backblech mit Backpapier auslegen. Beide Flockensorten, das Öl, den Ahornsirup und 1 Prise Salz in einer Schüssel mischen und auf dem Blech gleichmäßig verteilen. Im Ofen (Mitte) 20–25 Min rösten, bis die Flockenmischung haselnussbraun ist, dabei zwischendurch ein- bis zweimal wenden. Danach herausnehmen und auf dem Blech abkühlen lassen.

2 Inzwischen die Apfelringe in ca. 5 mm breite Streifen schneiden. Apfelstreifen, Zimt und Vanille zur abgekühlten Müsli-Basis geben und gut unterrühren. Die Mischung in das Glas füllen. Das Müsli hält sich luftdicht verschlossen, kühl und trocken gelagert ca. 3 Monate.

MEINE VORRATS- UND TAUSCHTIPPS

Ich bereite alle paar Monate die dreifache Menge dieser Knuspermüsli-Basis zu und backe sie – verteilt auf zwei Backbleche – bei 160° (Umluft) in ca. 25 Min. fertig. Probieren Sie unbedingt auch mal das Kokos-Zitronen-Müsligewürz (siehe S. 23) in diesem Rezept: Dazu die Apfelringe, den Zimt und die gemahlene Vanille durch 75 g Müsligewürz ersetzen, gut umrühren und genießen!

MÜSLIGEWÜRZ

MIT KOKOS UND ZITRONE

NUR DREI ZUTATEN – MIT ENORM GROSSER WIRKUNG. DIE GETROCKNETE ZITRONENSCHALE MACHE ICH SELBST. SCHAUEN SIE DOCH MAL IM VORSPANN AUF S. 15, SIE LÄSST SICH FAST NEBENBEI ZUBEREITEN.

1 Am Vortag die Zitronen heiß waschen und abtrocknen. Die Schale fein abreiben und in eine kleine Schüssel geben. An einem trockenen Ort bei Raumtemperatur mind. 8 Std. oder über Nacht trocknen lassen.

2 Am nächsten Tag die Zitronenschale, sobald sie gut durchgetrocknet ist, mit den Fingern nochmals leicht zerbröseln und mit Vanille und Kokosraspeln vermischen. Das Müsligewürz in das Glas füllen, luftdicht verschließen und kühl sowie trocken lagern. Das Gewürz hält sich 4–6 Monate.

MEINE EXTRATIPPS

Für ein einfaches Müsli dosieren Sie pro 40 g Flocken (Hafer-, Hirse- oder Buchweizenflocken) 2 TL Kokos-Zitronen-Gewürz. Ich verfeinere mit dieser Mischung außerdem Puddings, Cremes und Grießbrei:
Für einen sommerlichen Grießbrei (für 4 Portionen) 1 l Pflanzendrink unter Rühren aufkochen, 120 g Weichweizen-Vollwertgrieß, 3 EL Ahornsirup (nach Belieben mehr) und 4 TL Gewürzmischung unterrühren und alles nochmals unter Rühren aufkochen. Den Grießbrei zugedeckt bei sehr schwacher Hitze 30–35 Min. quellen lassen, dabei ab und zu umrühren.

4 Bio-Zitronen
1 TL Bourbon-Vanillepulver
70 g Kokosraspel

AUSSERDEM
1 Twist-off-Glas (ca. 150 ml Inhalt, sterilisiert)

FÜR 75 G (12 PORTIONEN À 1 1/2 TL)
Zubereitungszeit: 10 Min.
Trockenzeit: mind. 8 Std. oder über Nacht
Pro Portion ca. 35 kcal, 0 g EW, 4 g F, 0 g KH

BEST PORRIDGE

IN TOWN

MIT HAFER-SCHROT

FÜR DEN BASISMIX
150 g Nackthafer (Bioladen)
1/3 TL Salz

FÜR DAS TOPPING
3 EL Pistazienkerne (30 g)
2 große Birnen (ersatzweise 3/4 Glas eingekochte Birnen, siehe S. 57)
1/2 Granatapfel
1 TL Zimtpulver
1/2 TL Bourbon-Vanillepulver
8 EL Ahornsirup*
3 TL geschroteter Leinsamen (ersatzweise Hanf- oder Chiasamen*)
2 EL Knuspermüsli (siehe S. 22)

AUSSERDEM
1 Twist-off-Glas (ca. 750 ml Inhalt, sterilisiert)

FÜR 4 PORTIONEN
Zubereitungszeit: 45 Min.
Einweichzeit (nach Belieben): mind. 6 Std. oder über Nacht
Pro Portion ca. 335 kcal, 7 g EW, 8 g F, 56 g KH

1 Am Vortag für den Basismix den Hafer in einer beschichteten Pfanne ohne Fett bei mittlerer Hitze anrösten. Herausnehmen, vollständig abkühlen lassen und in einer Getreidemühle grob schroten. (Alternativ portionsweise im Blitzhacker oder in einer Kaffeemühle per Pulsfunktion grob schroten.) Der Haferschrot lässt sich so bis zu 1 Monat im Glas aufbewahren.

2 Für den Porridge (mit Einweichen für bessere Bekömmlichkeit und verkürzte Garzeit) den Haferschrot in 600 ml Wasser mind. 6 Std. oder über Nacht einweichen.

3 Am nächsten Tag die Wasser-Hafer-Mischung in einen Topf geben und salzen. Dann aufkochen und zugedeckt bei schwacher Hitze ca. 5 Min. köcheln lassen. (Alternativ den Hafer ohne Einweichen in 650 ml Wasser aufkochen und zugedeckt bei schwacher Hitze ca. 15 Min. köcheln lassen.) Anschließend vom Herd ziehen, umrühren und zugedeckt noch ca. 10 Min. quellen lassen.

4 Inzwischen für das Topping die Pistazien in einer beschichteten Pfanne ohne Fett anrösten, herausnehmen, abkühlen lassen und grob hacken. Die Birnen schälen, vierteln und entkernen, die Viertel in 1 cm große Würfel schneiden. Die Birnen in einem Topf knapp mit Wasser bedecken und einmal aufkochen. Dann vom Herd nehmen und zugedeckt bis zur weiteren Verwendung ziehen lassen. (Eingekochte Birnen abtropfen lassen und würfeln.) Die Kerne aus dem Granatapfel lösen (siehe Tipp S. 55). Zimt und Vanille mit dem Ahornsirup verrühren.

5 Den Haferbrei auf Schalen oder Gläser verteilen und die Birnenstücke mit 2 EL Sud daraufgeben. Mit Granatapfelkernen bestreuen und je 2 EL Ahornsirupmix darüberträufeln. Zuletzt Pistazien, Leinsamenschrot und Knuspermüsli über den Porridge streuen.

MEINE TAUSCHTIPPS

Ein Grundrezept, viele Möglichkeiten! Der Porridge ist mein absolutes Lieblingsfrühstück. Er passt sich super der Jahreszeit an: Im Sommer esse ich ihn mit 150 g frischen Beeren, im Spätsommer mit 200 g Mirabellen oder Aprikosen, im Winter mit 2 Äpfeln ...
Genauso darf es bei den Nüssen abwechslungsreich zugehen: Egal, ob Walnüsse, Haselnüsse, Cashewkerne oder Erdmandeln – nehmen Sie, worauf Sie Lust haben!

DER BASISMIX BESTEHT AUS NUR ZWEI ZUTATEN, DENNOCH LOHNT SICH DAS VORBEREITEN: RÖSTEN UND SCHROTEN IST DANN SCHON ERLEDIGT, SIE KÖNNEN MORGENS DIREKT LOSKOCHEN!

PORRIDGE-NESTER

MIT ERDBEEREN UND KOKOS

SOMMERLICH MIT ZITRONE

FÜR DEN KOKOSDRINK
150 g Kokosraspel

FÜR DEN PORRIDGE
400 g Großblatt-Haferflocken (ersatzweise Dinkelflocken)
1 TL Bourbon-Vanillepulver
Salz
1 Bio-Zitrone
6 EL Ahornsirup* (ersatzweise Agavendicksaft*)
250 g Erdbeeren (ersatzweise andere Beeren)

AUSSERDEM
2 12er-Muffinbleche (ersatzweise 24 Muffinförmchen aus Silikon oder Papier)
12 Twist-off-Gläser (à ca. 400 ml Inhalt, sterilisiert) oder 2 Plastikbeutel (à ca. 3 l Inhalt)

FÜR 12 NESTER
Zubereitungszeit: 30 Min.
Einweichzeit: mind. 6 Std. oder über Nacht
Gefrierzeit: mind. 6 Std. oder über Nacht
Pro Nest ca. 220 kcal, 5 g EW, 10 g F, 26 g KH

1 Für den Kokosdrink 2 Tage vorher die Kokosraspel mit 1150 ml Wasser in einem hohen Rührbecher mit dem Stabmixer so lange pürieren, bis eine milchige Flüssigkeit entstanden ist (ggf. portionsweise arbeiten, siehe Tipp).

2 Für den Porridge die Flocken mit Vanille und 1 Prise Salz in einer Schüssel mischen und 1 l selbst gemachten Kokosdrink unterrühren. Die Mischung zugedeckt mind. 6 Std. oder über Nacht im Kühlschrank quellen lassen. Den restlichen Kokosdrink ebenfalls kühl stellen.

3 Am nächsten Tag die Zitrone heiß waschen, abtrocknen, die Schale fein abreiben und mit dem Ahornsirup mischen. Die Beeren waschen, putzen und die Stielansätze entfernen. Die Früchte halbieren, größere Exemplare vierteln. Den Porridge auf die Mulden des Muffinblechs verteilen (ca. 1 1/2 leicht geh. EL pro Mulde). Die Beeren daraufsetzen und leicht hineindrücken. Mit dem Ahornsirupmix beträufeln, den restlichen Kokosdrink darübergießen und die Muffinbleche zugedeckt mind. 6 Std. oder über Nacht tiefkühlen.

4 Am übernächsten Tag die Nester aus dem Gefriergerät nehmen, ca. 10 Min. antauen lassen und mit einem spitzen Messer aus den Mulden lösen. Je 2 Nester in 1 Twist-off-Glas einfrieren oder je 12 Nester in 1 Plastikbeutel im Gefriergerät aufbewahren.

5 Zum Servieren am Vorabend 2 tiefgekühlte Porridge-Nester aus dem Gefriergerät nehmen, in ein Twist-off-Glas legen und im Kühlschrank über Nacht auftauen lassen. Für ein warmes Frühstück das Glas am nächsten Morgen noch ca. 10 Min. in kochend heißes Wasser stellen. Nach Belieben den Porridge mit weiterem Pflanzendrink begießen.

MEIN PRAXISTIPP

Wenn ich selbst gemachten Kokosdrink direkt im Müsli weiterverarbeite, spare ich mir die Arbeit, die pürierte Kokosmischung abzuseihen wie bei dem Rezept für den Kokosdrink mit Vanille (siehe S. 39).

MEIN JOKER, WENN ICH MORGENS MAL WIEDER IN ZEITNOT BIN: EINFACH 2 PORRIDGE-NESTER AUFTAUEN, NACH WUNSCH ERWÄRMEN UND DAS FRÜHSTÜCK IST GERETTET!

LÄSST SICH GUT VOR-BEREITEN

SÜSSER HEFETEIG

ZUM EINFRIEREN

400 ml Pflanzendrink*
800 g Weizenvollkornmehl (ersatzweise Dinkelvollkornmehl)
200 g Weizenmehl (Type 405, ersatzweise Dinkelmehl Type 630)
1/2 TL Salz
1 Würfel Hefe (42 g, ersatzweise 14 g Trockenhefe)
150 ml Agavendicksaft* (ersatzweise Ahornsirup*)
8 EL Albaöl* (ersatzweise neutrales Pflanzenöl)

AUSSERDEM
Mehl zum Arbeiten und für die Beutel
4 Plastikbeutel (à ca. 2 l Inhalt)

FÜR 4 PORTIONEN À 425 G
Zubereitungszeit: 20 Min.
Gehzeit: 10 Min.
Pro Portion ca. 950 kcal, 34 g EW, 8 g F, 186 g KH

MEIN EXTRATIPP

Das ist mein Basisteig für alle süßen Blechkuchen, gefüllte Vollkornhörnchen (siehe S. 182) oder süße Brote. Damit der Teig fluffig wird, verwende ich gerne ein Fünftel ganz normales Weizenmehl, auch Auszugsmehl genannt. So können Sie übrigens jedes Vollkornrezept anpassen.
Für einen Blechkuchen 2 Portionen Teig wie beschrieben auftauen lassen, kurz verkneten und auf ca. 30 x 40 cm ausrollen. Den Boden zugedeckt 1 Std. gehen lassen. Dann zum Beispiel mit 1 kg entsteinten, in Scheiben geschnittenen Zwetschgen (oder anderem Obst) belegen und im vorgeheizten Backofen bei 180° (Mitte) in ca. 40 Min. fertigbacken. Das Obst vor dem Belegen mit 5 EL Ahornsirup mischen, dann wird der Belag später karamellig süß.

1 Den Pflanzendrink lauwarm erwärmen. Beide Mehlsorten mit dem Salz in einer Rührschüssel mischen und eine Mulde in die Mitte drücken. Die Hefe in die Vertiefung bröseln und den warmen Pflanzendrink in die Mulde gießen. Alles zugedeckt an einen warmen Ort 5–10 Min. gehen lassen, bis die Hefe Blasen wirft.

2 Dann den Agavendicksaft und das Öl dazugeben und alles mit den Knethaken des Handrührgeräts auf mittlerer Stufe ca. 2 Min. verkneten (alternativ mit einem Holzlöffelstiel arbeiten). Anschließend den Teig mit den Händen auf der leicht bemehlten Arbeitsfläche noch ca. 5 Min. glatt kneten.

3 Den Teig in 4 Portionen teilen. In jeden Plastikbeutel 1 TL Mehl füllen, den Beutel schließen und schütteln. Jede Teigportion in 1 Beutel legen, den Beutel gut verschließen und den Teig darin mit dem Nudelholz auf die Größe des Beutels ausrollen. Die Beutel flach einfrieren. Der Hefeteig hält sich im Gefriergerät ca. 6 Monate. Vor dem Verwenden mind. 4 Std. im Kühlschrank auftauen lassen, dazu am besten aus dem Gefrierbeutel nehmen und zugedeckt auf einen ausreichend großen Teller legen.

BACKMISCHUNG FÜR KOKOSHUPF

MIT WEISSER SCHOKOLADE UND ANANAS

EASY RÜHR-KUCHENMIX

FÜR DIE BACKMISCHUNG

4 Bio-Zitronen (ersatzweise 1 g getr. Zitronenschale, siehe S. 15)
300 g Dinkelvollkornmehl
Salz
2 TL Backpulver
130 g Vollrohrzucker
1 leicht geh. TL Bourbon-Vanillepulver
80 g Kokosraspel
70 g weiße Schokolade (siehe S. 45, ersatzweise Reismilchschokolade*)

ZUM FERTIGBACKEN

150 g Ananas
80 ml neutrales Pflanzenöl
250 ml Pflanzendrink* (z. B. Soja- oder Mandeldrink)
250 ml Sprudelwasser

AUSSERDEM

1 Twist-off-Glas (ca. 1 l Inhalt, sterilisiert)
1 Etikett für die Zubereitungsanleitung
1 Gugelhupfform (Ø 22 cm)
neutrales Pflanzenöl für die Form

FÜR 1 GUGELHUPF (14 STÜCKE)

Zubereitungszeit: 30 Min.
Trockenzeit: mind. 8 Std. oder über Nacht
Pro Stück ca. 250 kcal, 4 g EW, 13 g F, 27 g KH

1 Am Vortag die Zitronen heiß waschen und abtrocknen. Die Schale fein abreiben und in eine kleine Schüssel geben. An einem trockenen Ort bei Raumtemperatur 8 Std. oder über Nacht trocknen lassen. Sobald die Schale gut durchgetrocknet ist, nochmals leicht zerbröseln.

2 Am nächsten Tag Mehl, 1 Prise Salz und Backpulver im Glas mischen und den Glasboden einige Male auf die Arbeitsfläche stoßen, bis die Mehloberfläche geglättet ist. Den Zucker daraufgeben und ebenfalls glätten. Die Vanille mit Zitronenschale und Kokosraspeln mischen und auf den Zucker schichten.

3 Die weiße Schokolade grob hacken und zum Schluss in das Glas füllen. Das Glas verschließen und das Etikett mit den weiteren benötigten Zutaten sowie den Zubereitungsschritten, der Backofentemperatur und Backzeit wie folgt beschriften:

4 »Den Backofen auf 190° vorheizen. Die Kuchenform fetten. Die Ananas schälen, den Strunk herausschneiden und das Fruchtfleisch in 1 cm große Würfel schneiden. Die Backmischung in eine Schüssel geben und mit einem Teigspatel sorgfältig vermischen. Öl, Pflanzendrink und Sprudelwasser in einer weiteren Schüssel mischen, dann zu den trockenen Zutaten geben. Alles mit dem Spatel so lange verrühren, bis die Flüssigkeit eingearbeitet ist. Die Mischung keinesfalls glatt rühren, es dürfen noch Mehlklümpchen zu sehen sein. Die Ananaswürfel unterheben, den Teig in die Form füllen und im Ofen (Mitte) ca. 55 Min. backen, bis die Oberfläche des Kuchens goldbraun glänzt. Herausnehmen und abkühlen lassen.«

BACKMISCHUNGEN IM GLAS SIND EIN WUNDERSCHÖNES MITBRINGSEL, DAS VON HERZEN KOMMT! ICH BEREITE IMMER MEHRERE GLÄSER GLEICHZEITIG VOR, DAMIT ICH EIN NETTES GESCHENK AUF VORRAT HABE UND MICH SELBST AUCH NOCH BESCHENKEN KANN.

BACKMISCHUNG FÜR BROWNIES

MIT HIMBEEREN

SAFTIG-
SCHOKOLADIG

FÜR DIE BACKMISCHUNG

300 g Dinkelvollkornmehl
Salz
1 TL Backpulver
150 g Kokosblütenzucker (Bioladen, ersatzweise Vollrohrzucker, siehe Tipp)
60 g stark entöltes Kakaopulver
3 TL geschrotete Leinsamen
1 TL Bourbon-Vanillepulver

ZUM FERTIGBACKEN

60 ml neutrales Pflanzenöl
300 ml Pflanzendrink
300 ml Sprudelwasser
150 g Himbeeren (frisch oder TK)

AUSSERDEM

1 Twist-off-Glas (ca. 1 l Inhalt, sterilisiert)
1 Etikett für die Zubereitungsanleitung
1 Backblech (20 x 30 cm)
Backpapier

FÜR 1 BLECH (16 STÜCKE)

Zubereitungszeit: 15 Min.
Backzeit: 35 Min.
Pro Stück ca. 175 kcal, 4 g EW, 6 g F, 25 g KH

1 Das Mehl mit 1 Prise Salz und Backpulver im Glas vermischen und den Glasboden einige Male auf die Arbeitsfläche stoßen, bis die Mehloberfläche geglättet ist. Den Zucker, den Kakao und den Leinsamenschrot schichtweise darauffüllen und ebenfalls glätten. Die Vanille zuletzt in das Glas geben.

2 Das Glas verschließen und das Etikett mit den weiteren Zutaten sowie den Zubereitungsschritten, der Backofentemperatur und Backzeit wie folgt beschriften:

3 »Den Backofen auf 190° vorheizen. Das Backblech mit Backpapier auslegen. Die Backmischung in eine Schüssel geben und mit einem Teigspatel sorgfältig vermischen. Öl, Pflanzendrink und Sprudelwasser in einer weiteren Schüssel mischen und dann zu den trockenen Zutaten geben. Alles mit dem Spatel glatt rühren, bis die Flüssigkeit eingearbeitet ist, es dürfen noch Mehlklümpchen zu sehen sein. Den Teig auf dem Blech gleichmäßig verteilen und die Himbeeren (frisch oder tiefgekühlt) daraufsetzen. Im Ofen (Mitte) 30–35 Min. backen. Zur Stäbchenprobe ein dünnes Holzstäbchen in den Kuchen stecken – wenn noch Teig daran haftet, muss der Kuchen noch kurz weiterbacken. Herausnehmen und abkühlen lassen, dann in 16 rechteckige Stücke schneiden.«

MEIN EXTRATIPP

Kokosblütenzucker wird aus den Blüten der Kokospalme gewonnen. Es ist ein unraffinierter Zucker mit leichter Karamellnote. Sie bekommen ihn im Bioladen.

IN DIESEM TEIG VERWENDE ICH GESCHROTETE LEINSAMEN ALS ALTERNATIVE ZU EI. DIESER BACKMIX KOMMT BEI MEINEN FREUNDEN ÜBRIGENS AUCH PRIMA ALS GESCHENK AN!

SÜSSER NUSSMIX

FÜR MUFFINS ODER NUSSBROT

BACKMIX OHNE MEHL

FÜR DEN NUSSMIX

100 g Mandeln
100 g Haselnusskerne
100 g Reisflocken (ersatzweise Haferflocken)
3 EL Flohsamenschalen*
3 EL geschälte Hanfsamen* (ersatzweise helle Sesamsamen)
2 EL Chiasamen*
1/2 TL Salz
1 TL Bourbon-Vanillepulver

ZUM FERTIGBACKEN

5 EL Ahornsirup*
1 EL neutrales Pflanzenöl (ersatzweise natives Kokosöl)
350 ml warmer Pflanzendrink (ersatzweise Wasser)

AUSSERDEM

1 Twist-off-Glas (ca. 750 ml Inhalt, sterisiliert)
1 Etikett für die Zubereitungsanleitung
1 12er-Muffinblech oder 1 Kastenform mit 25 cm
neutrales Pflanzenöl für die Form

FÜR 12 MUFFINS ODER 1 BROT (CA. 15 SCHEIBEN)

Zubereitungszeit: 15 Min.
Quellzeit: 1 Std. 30 Min.
Backzeit: 35 Min. (Muffins) bzw. 1 Std. 10 Min. (Brot)
Pro Muffin ca. 190 kcal, 5 g EW, 12 g F, 13 g KH,
pro Scheibe Brot ca. 150 kcal, 4 g EW, 10 g F, 10 g KH

1 Für den Nussmix die Mandeln und Nüsse in einer beschichteten Pfanne ohne Fett anrösten. Anschließend herausnehmen, abkühlen lassen und im Blitzhacker per Pulsfunktion (ersatzweise mit einem scharfen Messer) grob hacken. Zuerst die Reisflocken in das Glas füllen, dann die gehackten Nüsse und danach die übrigen Zutaten für den Nussmix daraufschichten.

2 Das fertig befüllte Glas verschließen und das Etikett mit den weiteren Zutaten zum Fertigbacken, sowie den Zubereitungsschritten, der Backofentemperatur und Backzeit wie folgt beschriften:

3 »Die Mulden des Muffinblechs oder die Kastenform leicht fetten. Den Nussmix in eine Schüssel geben und mit Ahornsirup, Öl und Pflanzendrink gut verrühren. Den Teig in die Mulden oder die Form füllen, glatt streichen und ca. 1 Std. 30 Min. quellen lassen. Anschließend die Muffins im Ofen (Mitte) bei 160° (Umluft empfohlen) ca. 35 Min. backen. Das Brot bei gleicher Temperatur zuerst ca. 45 Min. vorbacken, dann herausnehmen, aus der Form stürzen und das Brot ohne Form auf dem Ofengitter in ca. 25 Min. fertig backen. Herausnehmen und abkühlen lassen.«

MEINE TAUSCHTIPPS

Verfeinern Sie den Nussmix nach Belieben noch mit 5 gehackten Datteln, 4 EL Goji-Beeren (ersatzweise Maulbeeren) oder 4 EL Rosinen. Zum Fertigbacken können Sie anstelle des Öls 2 EL Nussmus über dem Wasserbad auflösen und unter die trockenen Zutaten mischen. Schauen Sie auch mal auf S. 176 – dort wird aus den Muffins ganz schnell ein gesundes Frühstück oder Dessert!

FUNKTIONIERT GANZ OHNE MEHL UND IST SOMIT LOW CARB SOWIE GLUTENFREI. DAS FERTIGBACKEN ERFORDERT NICHT MEHR VIEL MÜHE. UND DER MIX IST HERRLICH NUSSIG!

DIY-PUDDINGMISCHUNG

MIT KOKOS UND SCHOKOLADE

SCHNELL GEMIXT, SCHNELL VARIIERT

FÜR DIE BASISMISCHUNG (CA. 500 G, FÜR 3 L PFLANZENDRINK)

250 g Medjool-Datteln (ohne Stein, Bioladen, ersatzweise Vollrohrzucker)
240 g Speisestärke
2 EL Bourbon-Vanillepulver
1/2 TL Salz

FÜR KOKOSPUDDINGPULVER (CA. 350 G, FÜR 1 1/2 L PFLANZENDRINK)

100 g Kokosraspel

FÜR SCHOKOPUDDINGPULVER (CA. 550 G, FÜR 1 1/2 L PFLANZENDRINK)

200 g vegane Nugatschokolade* (ersatzweise vegane Zartbitterschokolade*, mind. 60 % Kakaoanteil)

AUSSERDEM

2 Twist-off-Gläser (à ca. 750 ml Inhalt, sterilisiert)
2 Etiketten für die Zubereitungsanleitung
2 x 500 ml Pflanzendrink* (z. B. Soja-, Kokos- oder Nussdrink, siehe Tipp)

FÜR JE 4 PORTIONEN (ZUBEREITET MIT 500 ML PFLANZENDRINK)

Zubereitungszeit: 25 Min.
Trockenzeit: 48 Std. bzw. 2 Tage
Pro Portion Kokospudding à 150 g:
ca. 130 kcal, 2 g EW, 6 g F, 17 g KH,
pro Portion Schokopudding à 175 g:
ca. 180 kcal, 3 g EW, 8 g F, 22 g KH

1 Für die Basismischung 2 Tage vorher die Datteln in dünne Streifen schneiden und in der Sonne oder auf der Heizung 48 Std. trocknen lassen.

2 Am übernächsten Tag die Dattelstücke mit Speisestärke, Vanille und Salz im Blitzhacker oder in der Kaffeemühle fein mahlen.

3 Für das Kokospuddingpulver die Hälfte der Basismischung mit den Kokosraspeln im Blitzhacker fein mahlen und in ein Glas füllen.

4 Für das Schokopuddingpulver die Schokolade grob hacken und mit der übrigen Basismischung im Blitzhacker fein mahlen. Die Mischung in das zweite Glas geben. Die Gläser jeweils luftdicht verschließen und mit der Zubereitungsanleitung wie folgt versehen:

5 »Für einen Pudding von 500 ml Pflanzendrink jeweils 8 EL abnehmen mit 120 g Kokospuddingpulver bzw. 180 g Schokopuddingpulver glatt rühren. Den übrigen Pflanzendrink zum Kochen bringen und das angerührte Puddingpulver unter Rühren dazugeben. Alles unter Rühren aufkochen und ca. 1 Min. köcheln lassen, dabei immer wieder umrühren. Den Topf vom Herd ziehen, den Pudding nach Belieben in Schälchen füllen und abkühlen lassen.«

MEINE PRAXISTIPPS

Bei der Wahl des Pflanzendrinks bitte beachten, dass sich insbesondere Getreidedrinks (Hafer-, Reis- oder Dinkeldrink) zum Puddingkochen nicht gut eignen. Schlimmstenfalls bindet die Stärke bei diesen Milchersatzsorten nicht. Verwenden Sie daher besser Soja-, Kokos- oder Nussdrink.

Die Basismischung ergibt natürlich einen Vanillepudding: Dafür von 500 ml Pflanzendrink 8 EL abnehmen mit ca. 85 g Puddingpulver glatt rühren. Dann wie beschrieben fertig stellen. Wenn Sie aus der Basismischung eine Vanille-Kokos-Sauce herstellen möchten, einfach die 1 1/2-fache Menge Flüssigkeit verwenden.

FÜR KUCHEN, CREMES ODER ALS DESSERT – PUDDING BRAUCHE ICH OFT IN DER KÜCHE. AM LIEBSTEN NEHME ICH MEIN EIGENES PULVER – DAS IST GARANTIERT OHNE KÜNSTLICHE AROMEN!

REISDRINK

MIT SOJA

ZUM BACKEN, FÜR DEN KAFFEE, IM MÜSLI ... PFLANZENDRINK BRAUCHE ICH TÄGLICH – AM LIEBSTEN MAG ICH IHN SELBST GEMACHT UND NACH MEINEM GESCHMACK GEMIXT!

100 g getr. Sojabohnen
160 g Vollkorn-Basmatireis
3 EL Agavendicksaft*
Salz

AUSSERDEM
1 hoher Topf (ca. 4 l Inhalt)
1 Sieb
1 Passiertuch

FÜR 7 PORTIONEN À 200 ML
Zubereitungszeit: 1 Std.
Kühlzeit: 30 Min.
Einweichzeit: mind. 8 Std. oder über Nacht
Pro Portion ca. 165 kcal, 7 g EW, 4 g F, 24 g KH

1 Am Vortag die Sojabohnen und den Reis mit der dreifachen Menge Wasser bedecken und mind. 8 Std. oder über Nacht einweichen.

2 Am nächsten Tag die Mischung durch ein Sieb abgießen und mit kaltem Wasser abspülen. Dann mit 2 l frischem Wasser in einen Standmixer oder die Küchenmaschine mit Messereinsatz geben und alles fein pürieren (falls nötig, portionsweise arbeiten).

3 Das Püree in einem Topf unter Rühren aufkochen und bei schwacher Hitze ca. 20 Min. köcheln lassen, dabei immer wieder umrühren (Vorsicht, kocht leicht über!). Inzwischen das Sieb mit dem Passiertuch auslegen und in eine entsprechend große Schüssel hängen.

4 Das Püree in das Sieb gießen und darin 25–30 Min. abkühlen lassen. Danach das Passiertuch oben zusammennehmen und die gesamte Flüssigkeit aus dem Soja-Reis-Brei pressen. (Den Presskuchen nach Belieben trocknen und für Gemüse-Pattys oder Kuchenteige verwenden.) Die Flüssigkeit in der Schüssel auffangen. Anschließend mit Agavendicksaft süßen und mit 1 Prise Salz würzen.

5 Der selbst gemachte Soja-Reis-Drink hält sich gut verschlossen 3–5 Tage im Kühlschrank.

KOKOSDRINK

----- MIT VANILLE -----

DIESER KOKOSDRINK IST NICHT SO FETT UND CREMIG WIE DIE SORTEN AUS DER DOSE. ER EIGNET SICH WUNDERBAR FÜR MÜSLI, KAFFEE UND LECKERE SHAKES!

1 Die Kokosraspel mit 2 l heißem Wasser in eine hohe Schüssel geben und mit dem Stabmixer so lange pürieren, bis eine milchige Flüssigkeit entstanden ist.

2 Das Sieb mit dem Passiertuch auslegen und in eine entsprechend große Schüssel hängen. Die Flüssigkeit in das Sieb gießen und abtropfen sowie etwas abkühlen lassen. Danach das Passiertuch oben zusammennehmen und die gesamte Flüssigkeit aus den Kokosraspeln pressen. Die Flüssigkeit in der Schüssel auffangen. Anschließend mit 1 Prise Salz und Vanille würzen.

3 Der selbst gemachte Kokosdrink hält sich gut verschlossen 3–5 Tage im Kühlschrank. Nach einiger Zeit trennt sich der Drink in Wasser und Kokosflüssigkeit – deshalb am besten 30 Min. vor dem Genießen aus dem Kühlschrank nehmen und immer gut schütteln. Die ausgepressten Kokosraspel am besten trocknen – sie schmecken nur leicht nach Kokos und eignen sich noch zum Backen, Panieren oder fürs Müsli.

MEINE PRAXISTIPPS

Wenn ich selbst gemachten Kokosdrink direkt im Müsli weiterverarbeite, spare ich mir die Arbeit, sie abzuseihen und auszupressen. Schauen Sie doch mal auf S. 26! Diese Kokosdrink-Variante ist nicht so reichhaltig wie Kokosmilch aus der Dose. Darum eignet sie sich perfekt für den täglichen Einsatz. Mir schmeckt der selbst gemachte Kokosdrink auch sehr gut im Kaffee, und ich mische ihn hin und wieder mit selbst gemachtem Reisdrink mit Soja (siehe S. 38).

200 g Kokosraspel
2 TL Ahornsirup* (ersatzweise Agavendicksaft*)
Salz
2 Msp. Bourbon-Vanillepulver

AUSSERDEM

1 Sieb
1 Passiertuch

FÜR 10 PORTIONEN À 200 ML

Zubereitungszeit: 10 Min.
Pro Portion ca. 125 kcal, 1 g EW, 12 g F, 2 g KH

HAFERSAHNE

----- MIT MANDELN -----

MIT DIESER SAHNEALTERNATIVE VERFEINERE UND BINDE ICH SAUCEN, SUPPEN, GEMÜSE ... SIE SCHMECKT SCHÖN CREMIG, IST ALLERDINGS NICHT AUFSCHLAGBAR.

50 g Mandeln
50 g Nackthafer (ersatzweise Großblatt-Haferflocken)
500 ml kochendes Wasser
Salz

AUSSERDEM
1 Sieb
1 Passiertuch
2 Twist-off-Gläser (à ca. 300 ml Inhalt, sterilisiert)

FÜR 10 PORTIONEN À 50 G
Zubereitungszeit: 20 Min.
Einweichzeit: 30 Min.
Pro Portion ca. 45 kcal, 2 g EW, 3 g F, 3 g KH

1 Die Mandeln mit dem Hafer in eine Schüssel geben und mit dem kochendem Wasser übergießen. Die Mischung ca. 30 Min. einweichen lassen. Inzwischen das Sieb mit dem Passiertuch auslegen und über eine entsprechend große Schüssel hängen.

2 Die Mandel-Hafer-Masse in einem hohen Rührbecher mit dem Stabmixer oder in der Küchenmaschine mit Messereinsatz fein pürieren. Das Püree in das Sieb gießen, das Passiertuch oben zusammennehmen und die gesamte Flüssigkeit auspressen (alternativ alles durch ein sehr feines Haarsieb passieren). Die Flüssigkeit in der Schüssel auffangen und mit 1 Prise Salz würzen.

3 Die Hafer-Mandel-Sahne in die Gläser füllen. Gut verschlossen hält sie sich im Kühlschrank ca. 3 Tage. Für längere Haltbarkeit (14 Tage) die Sahne aufkochen und heiß in die Gläser füllen, sofort verschließen. Tiefgekühlt verlängert sich die Haltbarkeit auf 1 Jahr.

CASHEWJOGHURT

EXTRA-CREMIG

DER IST RICHTIG SCHÖN CREMIG UND REICHHALTIGER ALS SOJAJOGHURT, DEN SIE NATÜRLICH AUCH SELBST MACHEN KÖNNEN. SCHAUEN SIE MAL IN DEN TIPP!

1 Am Vortag die Cashewkerne mit der dreifachen Menge Wasser zugedeckt mind. 5 Std. einweichen. Dann in ein Sieb abgießen, mit kaltem Wasser abspülen und abtropfen lassen. Die Kerne mit 400 ml Wasser im Standmixer oder in der Küchenmaschine mit Messereinsatz zu einer glatten, milchähnlichen Flüssigkeit pürieren.

2 In einem Topf 200 ml Wasser mit dem Agar-Agar verrühren und aufkochen. Die Mischung ca. 2 Min. köcheln lassen, dann zum Cashewdrink geben und sorgfältig unterrühren. Alles auf Körpertemperatur (37°) abkühlen lassen, anschließend den Sojajoghurt einrühren und die Mischung im Joghurtbereiter ca. 11 Std. oder über Nacht fermentieren lassen.

3 Am nächsten Tag den Joghurt im Kühlschrank noch mind. 4 Std., besser 6–8 Std., nachreifen lassen. Falls sich über Nacht Molke abgesetzt hat, den Joghurt vor dem Nachreifen umrühren. Zum Servieren nach Belieben ein paar Tropfen Zitronensaft untermischen. Der Joghurt hält sich im Kühlschrank ca. 7 Tage.

MEIN EXTRATIPP

Auf ähnliche Weise können Sie auch ganz einfach Sojajoghurt selbst machen. Verwenden Sie dazu am besten einen ungesüßten Sojadrink ohne Zusätze (oder selbst gemachten, siehe Rezept für Sojaquark S. 70). Den Sojadrink etwas über Körpertemperatur (37°) erwärmen, 3 EL Sojajoghurt (oder veganes Joghurtferment, Internet) einrühren und alles in den Joghurtbereiter füllen. Agar-Agar ist bei Sojadrink nicht nötig. Für selbst gemachten Joghurt auf Kokosbasis verwenden Sie am besten eine Kokosmilch mit mind. 30 % Kokosanteil.

250 g Cashewkerne | 1/2 TL Agar-Agar*
100 g Sojajoghurt (ungesüßt) | Zitronensaft (nach Belieben)

AUSSERDEM

1 Speisethermometer
1 Joghurtbereiter

FÜR 6 PORTIONEN À 160 G

Zubereitungszeit: 20 Min.
Einweichzeit: mind. 5 Std.
Fermentierzeit: 11 Std. oder über Nacht
Kühlzeit: 8 Std.
Pro Portion ca. 250 kcal, 8 g EW, 18 g F, 13 g KH

HASELNUSSCREME

MIT SCHOKOLADE

LECKER NUSSIG, SCHOKOLADIG UND OHNE KRISTALLZUCKER. DIESER AUFSTRICH IST EIN KLASSIKER UND SELBST GEMACHT GARANTIERT NACH IHREM GUSTO!

300 g Haselnusskerne
1 geh. EL natives Kokosöl (15 g, ersatzweise denaturiertes Kokosfett, siehe Tipp)
8 EL Ahornsirup* (ersatzweise Agavendicksaft*)
200 ml Pflanzendrink*
1/2 TL Bourbon-Vanillepulver
30 g stark entöltes Kakaopulver (2 leicht geh. EL)

AUSSERDEM

1 Twist-off-Glas (ca. ca. 500 ml Inhalt, sterilisiert)

FÜR 25 PORTIONEN À 20 G

Zubereitungszeit: 20 Min.
Röstzeit: 20 Min.
Pro Portion ca. 100 kcal, 2 g EW, 8 g F, 5 g KH

1 Den Backofen auf 140° vorheizen. Die Nüsse auf einem Backblech im Ofen (Mitte) 15–20 Min. rösten. Falls Sie Kokosfett verwenden, dabei in den letzten 5–10 Min. das Kokosfett in einem ofenfesten Schälchen mit in den Ofen stellen und schmelzen lassen. Die Nüsse herausnehmen und abkühlen lassen. Das Fett im abgeschalteten Ofen bis zur Verwendung warm und flüssig halten.

2 Die Nüsse im Standmixer oder in der Küchenmaschine mit Messereinsatz per Pulsfunktion fein mahlen. Kokosfett mit 6 EL Agavendicksaft und 170 ml Pflanzendrink mischen und zu den Nüssen geben. Vanille und Kakao ebenfalls hinzufügen und alles gut mixen, bis eine glatte, cremige Paste entstanden ist. Falls die Masse etwas krisselig erscheint, noch 3 EL Pflanzendrink dazugeben. Nach Belieben mit dem übrigen Sirup abschmecken.

3 Die Creme in das Glas füllen, fest verschließen und im Kühlschrank bis zu 7 Tagen aufbewahren. Möglichst bald verbrauchen. Reste, die sich nicht aus dem Mixer entfernen lassen, mit 200 ml Wasser oder Pflanzendrink nochmals mixen - für einen Nuss-Shake.

NUSSMUS

SELBST GEMACHT

FÜR DAS NUSSMUS BENÖTIGEN SIE ZWEI ZUTATEN UND ETWAS GEDULD. ES SPART GELD UND SCHMECKT - JE NACH VERWENDETER NUSSBASIS - IMMER WIEDER ANDERS.

1 Den Backofen auf 140° vorheizen. Die Nüsse auf ein Backblech legen und im Ofen (Mitte) 15–20 Min. rösten, bis sie gut duften. Die Nüsse aus dem Ofen nehmen und vollständig abkühlen lassen.

2 Die abgekühlten Nüsse in den Standmixer oder die Küchenmaschine mit Messereinsatz geben und per Pulsfunktion fein mahlen. Dann 1 EL Öl dazugeben (je weniger Watt der Mixer hat, desto mehr Öl ist nötig) und die Nüsse weitermixen, bis eine cremige Paste entstanden ist. Bei Bedarf das übrige Öl hinzufügen. Den Mixer dabei immer wieder ausschalten, um die Masse vom Mixerrand zu den Messern zu schieben und, falls nötig, wieder abkühlen zu lassen. Sie darf nicht zu heiß werden.

3 Das Nussmus in das Glas geben, fest verschließen und kühl und dunkel aufbewahren. So gelagert hält es sich 8–12 Monate.

FÜR NÜSSE NACH WAHL

MEIN PRAXISTIPP

Falls Ihr Blitzhacker sehr klein ist, können Sie die Nüsse auch portionsweise verarbeiten. Gerade in sehr hohen Mixern bleiben oft Reste des Muses an den Messern oder Seitenrändern haften. Um auch diese Reste zu nutzen, fülle ich anschließend 100–200 ml (je nach Menge der Reste) warmes Wasser in den Mixbehälter und mixe alles nochmals kräftig auf. So entsteht ein Nussdrink, der sich 2–3 Tage im Kühlschrank hält.

500 g Nüsse oder Kerne (z. B. Haselnuss-, Cashewkerne, Mandeln oder Sonnenblumenkerne)
2 EL neutrales Pflanzenöl (ersatzweise Nussöl)

AUSSERDEM

1 Twist-off-Glas (ca. 500 ml Inhalt, sterilisiert)

FÜR 25 PORTIONEN À 20 G

Zubereitungszeit: 20 Min.
Röstzeit: 20 Min.
Pro Portion ca. 135 kcal, 2 g EW, 13 g F, 2 g KH

ZARTBITTER-SCHOKOLADE

SELBST GEMACHT

SCHOKOLADE SELBST MACHEN GEHT GANZ FIX UND DAS BESTE DARAN IST: SIE ENTSCHEIDEN SELBST, WOMIT UND WIE STARK DIE SCHOKOLADE GESÜSST WIRD.

60 g Kakaobutter (Bioladen)
40 g stark entöltes Kakaopulver| Salz
1/2 TL Bourbon-Vanillepulver
4 EL Ahornsirup* (ersatzweise Agavendicksaft*)

AUSSERDEM

1 rechteckige Form (ca. 10 x 15 cm) oder
2 Anrichteringe (Ø 10 cm)

FÜR 10 PORTIONEN À 15 G

Zubereitungszeit: 20 Min.
Kühlzeit: 2 Std.
Pro Portion ca. 85 kcal, 0 g EW, 6 g F, 3 g KH

1 Die Kakaobutter über dem Wasserbad langsam schmelzen, dabei immer wieder umrühren (alternativ ca. 35 Min. auf die warme Heizung oder bei 35–40° in den Backofen stellen). Währenddessen Kakaopulver, 1 Prise Salz und Vanille in einer Schüssel mischen. Den Ahornsirup und die flüssige Kakaobutter dazugeben und alles mit einem Schneebesen glatt rühren. Die Masse sollte sehr flüssig sein.

2 Die rechteckige Form oder die Anrichteringe auf einen Teller stellen und mit der Schokoladenmasse füllen. Die Form mehrmals vorsichtig auf die Arbeitsfläche stoßen, damit alle Luftblasen entweichen können, und die Masse bei Raumtemperatur ca. 2 Std. abkühlen lassen. Sobald die Schokolade vollständig erstarrt ist, aus der Form oder den Ringen lösen. Nach Belieben in Stücke brechen und in einem Glas luftdicht verpacken. Kühl und trocken gelagert hält sich die Schokolade ca. 6 Monate.

MEINE EXTRATIPPS

Für Schokolade mit besonders schönem Glanz die Kakaobutter nicht über 40° erhitzen. Das können Sie mit einem Speisethermometer nachmessen oder – noch einfacher – Sie schmelzen die Kakaobutter im Ofen mit Gär- oder Niedriggarfunktion bei 38°. Schokolade (z. B. für Pralinen) am besten temperieren: Dafür fein hacken, die Hälfte zerlassen (öfters umrühren), dann die übrige Schokolade einrühren. Sofort weiterverarbeiten und bei Bedarf zwischendurch nochmals kurz aufwärmen.

WEISSE SCHOKOLADE

MIT CASHEWMUS

VEGANE WEISSE SCHOKOLADE IST IN GESCHÄFTEN SCHWER ZU FINDEN. DAS MACHT NICHTS, DENN SIE KÖNNEN SIE AUCH GANZ EINFACH SELBST HERSTELLEN.

1 Die Kakaobutter über dem Wasserbad langsam schmelzen, dabei immer wieder umrühren (alternativ ca. 35 Min. auf die warme Heizung oder bei 35–40° in den Backofen stellen).

2 Das Cashewmus mit Vanille und Agavendicksaft in eine Schüssel geben und die flüssige Kakaobutter hinzufügen. Die Mischung mit einem Schneebesen zu einer homogenen Masse verrühren.

3 Die rechteckige Form oder die Anrichteringe auf einen Teller stellen und mit der Schokoladenmasse füllen. Die Form mehrmals vorsichtig auf die Arbeitsfläche stoßen, damit alle Luftblasen entweichen können, und die Masse bei Raumtemperatur ca. 2 Std. abkühlen lassen. Sobald die Schokolade vollständig erstarrt ist, aus der Form lösen. Nach Belieben in Stücke brechen und in einem Twist-off-Glas luftdicht verpacken. Kühl und trocken gelagert hält sie sich ca. 6 Monate.

MEINE GENUSSTIPPS

Durch das Cashewmus wird die Schokolade nicht so knackig, dafür schmilzt sie angenehm auf der Zunge und ist sehr zart. Sie eignet sich - wie auch die selbst gemachte Zartbitterschokolade (siehe S. 44) - zum Herstellen von Pralinen, zum Backen und Glasieren sowie natürlich zum Naschen. Die Kakaobutter sorgt in der Schokolade für Glanz, in Füllungen für Stand. Sie bekommen sie im Bioladen oder Internet.

60 g Kakaobutter (siehe Tipp)
60 g Cashewmus (2 geh. EL, siehe S. 43)
1/4 TL Bourbon-Vanillepulver
4 EL Agavendicksaft*

AUSSERDEM
1 rechteckige Form (ca. 10 x 15 cm) oder
2 Anrichteringe (Ø 10 cm)

FÜR 10 PORTIONEN À 15 G
Zubereitungszeit: 15 Min.
Kühlzeit: 2 Std.
Pro Portion ca. 110 kcal, 1 g EW, 9 g F, 6 g KH

ZUM NASCHEN UND DEKORIEREN

ZWEIERLEI FRUCHTLEDER

----- **HOMEMADE** -----

FÜR DAS MANGOFRUCHTLEDER

1 große Mango (600 g)
2 EL naturtrüber Apfelsaft* (ersatzweise Orangensaft)

FÜR DAS ERDBEERFRUCHTLEDER

700 g Erdbeeren
1 TL Bourbon-Vanillepulver

AUSSERDEM

2 Back- oder Dörrbleche (ca. 30 x 30 cm)
2 Silikonbackmatten oder Dörrfolien zum Dörren (ersatzweise Backpapier)

FÜR 2 X 8 PORTIONEN

Zubereitungszeit: 15 Min.
Trockenzeit: 10 Std.
Pro Portion Mangofruchtleder
ca. 25 kcal, 0 g EW, 0 g F, 6 g KH,
Pro Portion Erdbeerfruchtleder
ca. 25 kcal, 1 g EW, 0 g F, 5 g KH

1 Für das Mangofruchtleder die Mango schälen, das Fruchtfleisch zuerst vom Kern und dann in große Würfel schneiden. Mangowürfel und Saft in den Standmixer oder die Küchenmaschine mit Messereinsatz geben und so lange fein pürieren, bis keine Mangofasern mehr zu sehen sind (alternativ in einem hohen Rührbecher mit dem Stabmixer fein pürieren).

2 Für das Erdbeerfruchtleder die Erdbeeren waschen und putzen, große Früchte halbieren. Die Erdbeeren mit der Vanille ebenfalls sehr fein pürieren.

3 Zum Dörren im Backofen 2 Backbleche mit Silikonbackmatten auslegen. Jede Fruchtmussorte auf ein Blech geben und mit einer Teigkarte oder Palette gleichmäßig ausstreichen. Das Fruchtleder im Ofen (Mitte) bei 50° (Umluft empfohlen) 8–10 Std. trocknen lassen, dabei einen Holzlöffelstiel in die Ofentür klemmen. Die Oberfläche soll am Ende vollständig trocken sein.

4 Zum Dörren im Dörrautomaten 2 Einschübe mit Dörrfolie auslegen. Jede Fruchtmussorte auf einen Einschub geben und gleichmäßig ausstreichen. Das Fruchtleder im Dörrgerät bei 50° 8–10 Std. trocknen lassen.

5 Das fertige Fruchtleder vom Blech nehmen, aufrollen und mit einer Schere quer in 8 Rollen schneiden. Die Rollen luftdicht verpacken und kühl und trocken aufbewahren, so halten sie sich ca. 6 Monate. Geeignet als gesunde Nascherei oder zum Garnieren (siehe Tipp).

MEINE PRAXISTIPPS

Je feiner die Masse vor dem Trocknen püriert ist, desto schöner wird das Fruchtleder. Falls Ihr Mixer das allein nicht schafft, können Sie die Früchte zusätzlich durch ein feines Haarsieb passieren. Sie besitzen weder Umluftbackofen noch Dörrautomat? Kein Problem! Dann trocknen Sie das Fruchtleder einfach 4-5 Std. in der Sonne vor und anschließend noch ein paar Stunden an einem trockenen Ort nach. Auch die Heizung ist zum Trocknen geeignet. Achten Sie hier aber darauf, die Heizung nicht zu hoch einzustellen.
Besonders hübsch: Desserts wie süße Cremes und Schokoladenmousse im Fruchtleder anrichten - dafür stelle ich einen breiten Streifen Fruchtleder rund auf einen Dessertteller und fülle Creme oder Mousse ein.

MEIN DIY-FRUCHTLEDER BEREITE ICH AUF VORRAT ZU – MIT SCHÖN REIFEM OBST. BESONDERS PRAKTISCH, WENN EINE OBSTSORTE IN MEINER KÜCHE EIN BISSCHEN ZU REIF ZUM ESSEN GEWORDEN IST. GEHT WIE NEBENBEI UND IST EIN SUPERFRUCHTIGER SNACK!

APFEL-BIRNEN-MUS

AUS DEM OFEN

FRUCHTIG-SÜSS

800 g süßsäuerliche Äpfel
(z. B. Pink Lady oder Cox Orange)
1 kg Birnen
1 Bio-Zitrone
4 EL Ahornsirup* (ersatzweise Agavendicksaft*)
2 Zimtstangen
Salz

AUSSERDEM
1 ofenfeste Form (20 x 30 cm)
Backpapier
5 Twist-off-Gläser (à ca. 200 ml Inhalt, sterilisiert)

FÜR 10 PORTIONEN À 100 G
Zubereitungszeit: 20 Min.
Backzeit: 1 Std.
Einkochzeit: 30 Min.
Ziehzeit: 30 Min.
Pro Portion ca. 75 kcal, 0 g EW, 0 g F, 17 g KH

1 Den Backofen auf 180° vorheizen. Birnen und Äpfel waschen, vierteln und entkernen. Die Viertel in 2 cm breite Spalten schneiden und in die Form legen.

2 Die Zitrone heiß waschen, abtrocknen und die Schale fein abreiben. Den Saft von 1/2 Zitrone auspressen und mit der Schale und dem Ahornsirup mischen. Die Mischung über die Früchte gießen, Zimtstangen und 1 Prise Salz dazugeben und alles mit den Händen gut vermischen. Die Form mit Backpapier abdecken und das Papier an allen Ecken fest zudrehen, so dass die Form gut verschlossen ist.

3 Das Obst im Ofen (2. Schiene von unten) ca. 1 Std. backen. Danach aus dem Ofen nehmen und die Backofentemperatur auf 140° reduzieren. Zimtstangen entfernen, die Apfel-Birnen-Mischung mit dem Stabmixer pürieren oder durch ein Haarsieb passieren und bis sehr knapp unter den Rand in die Gläser füllen. Die Ränder säubern und die Gläser sofort verschließen.

4 Die Gläser in die ofenfeste Form stellen und 3 cm hoch heißes Wasser angießen. Die Gläser im Ofen (Mitte) ca. 30 Min. einkochen. Danach im ausgeschalteten Backofen noch ca. 30 Min. ziehen lassen. Die Gläser aus dem Ofen nehmen und mit einem Küchentuch bedeckt bei Raumtemperatur langsam abkühlen lassen. Die Deckelmitte darf sich nach dem Abkühlen nicht mehr nach unten drücken lassen. Das Mus hält sich kühl, trocken und dunkel gelagert ca. 1 Jahr.

MEIN EXTRATIPP

Verwenden Sie beim Obst am besten Bioware. Auch sehr reife Früchte lassen sich in Form von Mus gut konservieren. Je reifer die Früchte, desto süßer das Mus. Achten Sie allerdings darauf, keine schimmeligen oder bereits angefaulten Fruchtteile zu verwenden – sie können die Haltbarkeit beeinträchtigen.

DAS MUS HABE ICH IMMER IM HAUS. ZUM BACKEN, IM JOGHURT, MIT CHIASAMEN VERRÜHRT ZUM FRÜHSTÜCK – DIE VERWENDUNGSMÖGLICHKEITEN SIND SO VIELFÄLTIG WIE LECKER!

GETROCKNETE APFELRINGE

MIT CASSISSIRUP

FÜR GESUNDES NASCHEN!

FÜR DEN SIRUP
400 ml Johannisbeersaft
125 ml Ahornsirup* (ersatzweise Agavendicksaft*)
1 Msp. Bourbon-Vanillepulver
Salz
1 Bio-Zitrone

FÜR DIE APFELRINGE
3 kleine süßsäuerliche Äpfel
(450 g, z. B. Pink Lady, Braeburn oder Elstar)
50 ml Johannisbeersirup (siehe oben)

AUSSERDEM
1 Twist-off-Glas (ca. 250 ml Inhalt, sterilisiert)
Backpapier

FÜR 10 PORTIONEN À 10 G (CA. 5 RINGE)
Zubereitungszeit: 1 Std. 20 Min.
Trockenzeit: 10 Std. oder über Nacht
Pro Portion Sirup à 50 ml ca. 95 kcal, 0 g EW, 0 g F, 23 g KH,
pro Portion Apfelringe ca. 20 kcal, 0 g EW, 0 g F, 4 g KH

1 Für den Sirup den Johannisbeersaft mit Ahornsirup, Vanille und 1 Prise Salz in einen kleinen Topf geben. Die Zitrone heiß waschen, abtrocknen und die Schale mit einem scharfen Messer oder Sparschäler abschälen. Die Schalenstreifen ebenfalls in den Topf geben und alles sprudelnd aufkochen. Den Saft offen bei mittlerer Hitze in ca. 35 Min. auf ca. 200 ml einkochen.

2 Danach 50 ml (5 EL) heißen Sirup abnehmen und beiseitestellen. Den restlichen Sirup noch heiß in das Glas füllen und sofort verschließen. Mit einem Küchentuch bedecken und langsam abkühlen lassen. Anschließend im Kühlschrank aufbewahren und möglichst innerhalb von 6 Monaten verbrauchen.

3 Für die Apfelringe die Äpfel waschen, abtrocknen und mit einem Apfelentkerner oder einem scharfen Messer das Kerngehäuse im Ganzen entfernen (nach Belieben die Apfelscheiben samt Kerngehäuse trocknen). Die Äpfel quer in 2 mm dicke Scheiben schneiden oder hobeln. Die Backbleche mit Backpapier auslegen, die Apfelscheiben nebeneinander darauflegen und mit dem beiseitegestellten Sirup bestreichen.

4 Die Apfelringe im Ofen (Mitte) bei 50° (Umluft empfohlen) in ca. 10 Std. oder über Nacht trocknen lassen. Dabei einen Holzlöffelstiel in die Ofentür klemmen (alternativ in der Sonne oder auf der Heizung ca. 8 Std. trocknen lassen). Die Apfelringe halten sich im Twist-off-Glas (ca. 1 l Inhalt) aufbewahrt ca. 6 Monate.

GELIERZUCKER

3:1 ODER 2:1

ICH MISCHE MIR DIE GELIERHILFE AUF VORRAT UND FÜLLE SIE IN GLÄSER - SO HABE ICH IMMER BEIDE SORTEN PARAT. NACH BELIEBEN FÜGE ICH NOCH GEWÜRZE HINZU.

1 Für den Gelierzucker 2:1 den Zucker mit dem Agar-Agar, Vanille und nach Belieben mit Zitronensäure sorgfältig mischen und in ein Glas füllen.

2 Für den Gelierzucker 3:1 den Zucker mit den übrigen Zutaten ebenfalls sorgfältig mischen und anschließend in ein Glas füllen.

FÜR GELIERZUCKER 2:1
(CA. 250 G FÜR 500 G FRÜCHTE)

250 g Vollrohrzucker (ersatzweise Kokosblüten-, Birken- oder Dattelzucker)
1/2 TL Agar-Agar*
1 TL Bourbon-Vanillepulver
1 Msp. Zitronensäure (nach Belieben, für längere Haltbarkeit)

FÜR GELIERZUCKER 3:1
(CA. 250 G FÜR 750 G FRÜCHTE)

250 g Vollrohrzucker (ersatzweise Kokosblüten-, Birken- oder Dattelzucker)
1 TL Agar-Agar*
2 TL Bourbon-Vanillepulver
2 Msp. Zitronensäure (nach Belieben, für längere Haltbarkeit)

AUSSERDEM

2 Twist-off-Gläser (à ca. 300 ml Inhalt, sterilisiert)

FÜR 10 PORTIONEN À 50 G (BEIDE ZUCKER)

Zubereitungszeit: 5 Min.
Pro Portion ca. 100 kcal, 0 g EW, 0 g F, 25 g KH

MEINE PRAXISTIPPS

Den Gelierzucker 3:1 verwende ich bei sehr süßen, voll ausgereiften Früchten. Die bringen schon reichlich Süße mit und benötigen nicht mehr so viel extra Zucker. Die Zitronensäure gebe ich dazu, wenn ich besonders säurearme Früchte wie Birnen oder Trauben verarbeite. Sie verbessert die Gelierfähigkeit und den Geschmack. Agar-Agar ist ein pflanzliches Geliermittel aus Rotalgen. Wichtig bei der Verarbeitung ist die Kochzeit: Agar-Agar muss 2 Min. gekocht haben, bevor es seine gelierende Wirkung entfalten kann. Es geliert erst beim Abkühlen. Sie können Fruchtaufstriche alternativ auch mit Pektin gelieren – schauen Sie mal auf S. 53.

RHABARBER-
VANILLE-KONFITÜRE

DIE KONFITÜRE IST MIT AGAVENDICKSAFT GESÜSST UND IM HANDUMDREHEN ZUBEREITET: SO KONSERVIERE ICH MIR DEN FRÜHLING FÜR SPÄTER IM JAHR.

1 Den Rhabarber waschen, putzen, entfädeln und in 1 cm breite Scheiben schneiden. Die Rhabarberstücke mit den übrigen Zutaten in einen Topf geben, gut umrühren und einmal aufkochen. Dann zugedeckt bei schwacher Hitze 5–7 Min. köcheln lassen, bis der Rhabarber zerfallen ist.

2 Die Gläser mit kochend heißem Wasser ausspülen, die heiße Konfitüre einfüllen und die Glasränder sorgfältig reinigen. Die Gläser sofort verschließen und mit einem Küchentuch bedeckt bei Raumtemperatur langsam abkühlen lassen. Die Deckelmitte darf sich nach dem Abkühlen nicht mehr nach unten drücken lassen. Die Konfitüre kühl, dunkel und trocken lagern, sie hält sich so aufbewahrt bis zu 1 Jahr.

FRÜHLINGS-HIT

MEIN EXTRATIPP

Pektin wird aus Äpfeln gewonnen, Sie finden es im Bioladen im Backregal. Am besten geliert Pektin – gerade bei Verwendung von sehr süßen Früchten mit wenig Säure – unter Zugabe von 1 EL Zitronensaft oder 1 Msp. Zitronensäure auf 500 g Obst.
Das Natron im Rezept neutralisiert die starke Säure des Rhabarbers, sodass weniger Agavendicksaft verwendet werden kann. Bei milderen Früchten wie Beeren müssen Sie kein Natron dazugeben.

1 kg Rhabarber
200 g Agavendicksaft* (ersatzweise Ahornsirup*)
100 ml naturtrüber Apfelsaft* (ersatzweise Orangensaft)
1/2 TL Natron | 1 TL Bourbon-Vanillepulver
10 g Pektin (Bioladen, ersatzweise 1/2 TL Agar-Agar*, siehe Tipp)

AUSSERDEM

4 Twist-off-Gläser (à ca. 300 ml Inhalt, sterilisiert)

FÜR 48 PORTIONEN À 25 G

Zubereitungszeit: 30 Min.
Pro Portion ca. 15 kcal, 0 g EW, 0 g F, 4 g KH

KONFITÜRE

FÜR BEEREN UND MEHR

DIE GEHT MIT VORBEREITETEM DIY-GELIERZUCKER UND EINER PORTION FRISCHER BEEREN GANZ SCHNELL UND EINFACH. DAS REZEPT KLAPPT AUCH MIT ANDEREM OBST!

1 1/2 kg Beeren der Saison (Erd-, Him-, Blau-, Johannis- oder Stachelbeeren)
500 g DIY-Gelierzucker 3:1 (siehe S. 52, ersatzweise Gelierzucker 3:1)

AUSSERDEM
5 Twist-off-Gläser (à 350 ml Inhalt, sterilisiert)

FÜR 70 PORTIONEN À 25 G
Zubereitungszeit: 30 Min.
Ziehzeit: 3 Std.
Pro Portion ca. 20 kcal, 0 g EW, 0 g F, 5 g KH

1 Die Beeren verlesen, waschen und abtropfen lassen, größere Früchte ggf. halbieren. Dann mit dem Gelierzucker in einen Topf geben, kurz umrühren und 2–3 Std. ziehen lassen. Danach die Mischung unter Rühren aufkochen und zugedeckt bei schwacher Hitze ca. 5 Min. köcheln lassen, dabei ab und zu umrühren.

2 Die Gläser mit kochend heißem Wasser ausspülen, die heiße Konfitüre einfüllen und die Glasränder sorgfältig reinigen. Die Gläser sofort verschließen und mit einem Küchentuch bedeckt bei Raumtemperatur langsam abkühlen lassen. Die Deckelmitte darf sich nach dem Abkühlen nicht mehr nach unten drücken lassen.

3 Die Konfitüre kühl, dunkel und trocken lagern, sie hält sich bis zu 1 Jahr. Mit Zitronensäure im Gelierzucker verlängert sich die Haltbarkeit um mind. 6 Monate.

MEINE TAUSCHTIPPS
Im Sommer koche ich Marillenkonfitüre, im Spätsommer und Herbst werden Birnen und Quitten zum süßen Aufstrich. Egal, welches Obst Sie verwenden: Das Gewicht des Obstes sollte im geputzten Zustand immer ca. 1 1/2 kg betragen.

KIRSCHKONFITÜRE

MIT LEBKUCHENGEWÜRZ

LEBKUCHENGEWÜRZ FINDEN SIE IM WINTER IN ALLEN LÄDEN! BESORGEN SIE AM BESTEN GLEICH ETWAS MEHR DAVON FÜR IHREN VORRAT UND DIESE »WEIHNACHTSKONFITÜRE«.

1 Die Kirschen waschen, abtropfen, entsteinen und mit dem Gelierzucker in einen Topf geben. 4–5 Std. oder über Nacht stehen lassen.

2 Die Kirsch-Zucker-Mischung mit Lebkuchengewürz und Vanille unter Rühren aufkochen und zugedeckt bei schwacher Hitze ca. 15 Min. köcheln lassen, dabei ab und zu umrühren. Inzwischen die Granatäpfel halbieren und die Kerne herauslösen (siehe Tipp). Die Gläser mit kochend heißem Wasser ausspülen. Die Kirschen vom Herd nehmen und die Granatapfelkerne unterheben.

3 Die heiße Konfitüre einfüllen und die Glasränder sorgfältig reinigen. Die Gläser sofort verschließen und mit einem Küchentuch bedeckt bei Raumtemperatur langsam abkühlen lassen. Die Deckelmitte darf sich nach dem Abkühlen nicht mehr nach unten drücken lassen.

4 Die Konfitüre kühl, dunkel und trocken lagern, sie hält sich bis zu 1 Jahr. Falls dem Gelierzucker Zitronensäure beigemischt wurde, verlängert sich die Haltbarkeit um mind. 6 Monate.

MIT GRANATAPFELKERNEN

MEIN PRAXISTIPP

Um die Kerne aus Granatäpfeln herauszulösen, sollten Sie am besten im Spülbecken arbeiten – es kann spritzen! Den Granatapfel halbieren, über eine tiefe Schüssel halten und mit einem Holzkochlöffel kräftig auf die Hälften schlagen, um die Kerne herauszulösen.

1 1/2 kg Kirschen
500 g DIY-Gelierzucker 3:1 (siehe S. 52, ersatzweise Gelierzucker 3:1)
1 1/2 TL Lebkuchengewürz
1 TL Bourbon-Vanillepulver
2 Granatäpfel (ergibt ca. 250 g Granatapfelkerne)

AUSSERDEM

5 Twist-off-Gläser (à 350 ml Inhalt, sterilisiert)

FÜR 70 PORTIONEN À 25 G

Zubereitungszeit: 30 Min.
Ziehzeit: 5 Std. oder über Nacht
Pro Portion ca. 55 kcal, 0 g EW, 0 g F, 13 g KH

PFLAUMEN-KOMPOTT

MIT ZIMT

DAVON BIN ICH FEST ÜBERZEUGT: EIN KOMPOTT AUS DEM SUPERMARKT KANN GESCHMACKLICH NICHT ANNÄHERND MIT DIESEM SELBST GEMACHTEN MITHALTEN.

1 kg blaue Pflaumen (ersatzweise Zwetschgen)
1 Bio-Zitrone
9 EL Ahornsirup* (ersatzweise Agavendicksaft*)
2 Zimtstangen
1 Sternanis | 1 Prise Salz
150 ml naturtrüber Apfelsaft*

AUSSERDEM

5 Twist-off-Gläser (à ca. 250 ml Inhalt, sterilisiert)

FÜR 10 PORTIONEN À 25 G

Zubereitungszeit: 25 Min.
Pro Portion ca. 90 kcal, 1 g EW, 0 g F, 20 g KH

1 Die Pflaumen waschen, halbieren, den Stein herauslösen und das Fruchtfleisch in ca. 2 cm breite Spalten schneiden. Die Zitrone heiß waschen, abtrocken, die Schale fein abreiben und den Saft auspressen.

2 Die Pflaumen mit Zitronenschale und -saft in einem Topf mit den übrigen Zutaten aufkochen und alles bei mittlerer Hitze 5–10 Min. köcheln lassen, bis die Früchte weich, aber noch nicht verkocht sind.

3 Die Gläser mit kochend heißem Wasser ausspülen. Zimtstangen und Sternanis entfernen und das heiße Kompott in die Gläser füllen. Die Glasränder sorgfältig reinigen und die Gläser sofort verschließen. Die Gläser mit einem Küchentuch bedeckt bei Raumtemperatur langsam abkühlen lassen. Die Deckelmitte darf sich nach dem Abkühlen nicht mehr nach unten drücken lassen. Das Kompott hält sich ca. 1 Jahr, wenn es kühl, dunkel und trocken gelagert wird.

EINGEKOCHTE BIRNEN

MIT HOLUNDERSAFT

ZITRONENSÄURE ERHÄLT DIE FARBE, SIE MUSS ABER NICHT VERWENDET WERDEN. WODKA SORGT FÜR AROMA - WENN KINDER MITESSEN, LASSEN SIE IHN EINFACH WEG.

1 Den Backofen auf 110° vorheizen. Die Gläser mit kochend heißem Wasser ausspülen. Die Birnen waschen, schälen, vierteln und entkernen. Die Viertel nach Belieben noch in ca. 2 cm breite Spalten schneiden und mit Lavendelblüten und Zimtstangen auf die Gläser verteilen.

2 Den Holundersaft mit 800 ml Wasser, Ahornsirup, Vanille und nach Belieben mit dem Wodka aufkochen und sofort über die Birnen gießen. Die Glasränder sorgfältig reinigen, die Gläser verschließen und in eine ofenfeste Form (ca. 20 x 30 cm) setzen. 3 cm hoch Wasser dazugießen und die Gläser im Ofen (unten) ca. 50 Min. einkochen, bis in den Gläsern Bläschen aufsteigen. Danach den Ofen ausschalten und die Gläser noch ca. 30 Min. im geschlossenen Ofen ziehen lassen.

3 Die Gläser aus dem Ofen nehmen und mit einem Küchentuch bedeckt bei Raumtemperatur langsam abkühlen lassen. Die Deckelmitte darf sich nach dem Abkühlen nicht mehr nach unten drücken lassen. Die eingekochten Birnen halten sich kühl, trocken und dunkel gelagert ca. 4 Monate.

MEIN GENUSSTIPP

Von August bis September kann man Holunderbeeren pflücken und selbst entsaften. Für ca. 1 l Saft 1,3 kg reife Holunderdolden gründlich mit heißem Wasser abspülen und die Beeren abstreifen (Achtung, färbt stark ab!). Mit 800 ml Wasser zugedeckt bei schwacher Hitze ca. 15 Min. köcheln lassen. Durch ein feines Mulltuch passieren, nochmals aufkochen und den Saft von 1/2 Zitrone einrühren. Noch heiß in eine sterilisierte 1-l-Glasflasche abfüllen (Haltbarkeit 1 Jahr).

2 1/2 kg Birnen | 2 TL Lavendelblüten | 4 Zimtstangen
1 l Holundersaft (100 %iger Saft, Bioladen, siehe Tipp)
150 ml Ahornsirup* (ersatzweise Agavendicksaft*)
1/4 TL Bourbon-Vanillepulver
2 EL Wodka (nach Belieben)
1/2 TL Zitronensäure (nach Belieben)

AUSSERDEM

4 Einweck- oder Twist-off-Gläser (à ca. 1 l Inhalt, sterilisiert)

FÜR 16 PORTIONEN À 250 G

Zubereitungszeit: 25 Min.
Einkochzeit: 50 Min. | Ziehzeit: 30 Min.
Pro Portion ca. 115 kcal, 1 g EW, 0 g F, 25 g KH

CHAI-TEE

MIT LÖWENZAHN

FRÜHER SCHÄTZTE MAN DIE LÖWENZAHNWURZEL WEGEN IHRES HERBEN AROMAS ALS KAFFEEERSATZ UND TEE. IHRE BITTERSTOFFE REGEN DIE VERDAUUNG AN.

500 g getr. Löwenzahnwurzeln (siehe Tipp)
15 Kardamomkapseln | 3 Zimtstangen
3 Gewürznelken | 1/2 TL Cayennepfeffer
3 Msp. Macis (Muskatblüte, ersatzweise frisch geriebene Muskatnuss)
1 1/2 TL Bourbon-Vanillepulver
etwas Ahornsirup* (ersatzweise Agavendicksaft*, nach Belieben)

AUSSERDEM
Backpapier
1 Twist-off-Glas (ca. 1 l Inhalt, sterilisiert)

FÜR 35 PORTIONEN À 15 G
Zubereitungszeit: 15 Min. | Röstzeit: 15 Min.
Pro Portion ca. 0 kcal, 0 g EW, 0 g F, 0 g KH

1 Den Backofen auf 200° vorheizen. Ein Backblech mit Backpapier auslegen. Die Löwenzahnwurzeln in ca. 5 mm breite Scheiben schneiden und mit den Kardamomkapseln auf dem Blech verteilen. Im Ofen (Mitte) ca. 15 Min. rösten, herausnehmen und abkühlen lassen.

2 Alle Zutaten bis auf den Ahornsirup portionsweise in einer Kaffeemühle oder einem Blitzhacker so lange fein mahlen, bis ein homogenes, relativ feines Pulver entstanden ist. Das Pulver in das Glas füllen und luftdicht verschließen. Trocken und kühl aufbewahren. Die Mischung hält sich 1 Jahr ohne Qualitätsverlust.

3 Zum Aufbrühen 1 geh. EL (15 g) Pulver nach Belieben in einen feinen Teefilter geben und mit 500 ml kochendem Wasser aufgießen. Den Tee je nach gewünschter Stärke 3–6 Min. ziehen lassen und zusätzlich nach Belieben mit Ahornsirup süßen.

MEIN PRAXISTIPP

Am besten schmeckt die Löwenzahnwurzel, wenn sie im Spätherbst geerntet wird. In dieser Zeit haben sich bereits Zuckerverbindungen in der Wurzel angereichert. Zum Ernten die Wurzel vorsichtig ausgraben, gründlich waschen und in ca. 2 cm lange Stücke schneiden. Die Wurzelstücke auf der Heizung oder in der Sonne 3-4 Tage gut durchtrocknen und anschließend luftdicht verschlossen aufbewahren. Alternativ die gehackte Wurzel in der Apotheke oder im Internet kaufen.

FENCHELTEE

MIT ORANGE UND SÜSSHOLZ

SELBST GEMACHTER TEE IST EIN TOLLES GESCHENK FÜR LIEBE MENSCHEN. SCHAUEN SIE MAL IN DEN TIPP, DA STEHT NOCH EINE WEITERE TEE-IDEE FÜR SIE.

1 Fenchelsamen, Süßholz und Orangenschale in eine Schüssel geben. Die Schafgarbenblüten samt Stiel mit einer Schere in ca. 1 cm lange Stücke schneiden und zur Mischung geben. Alles gut vermischen und in ein verschließbares Glas umfüllen. Den Tee dunkel und trocken aufbewahren, er hält sich ca. 2 Jahre.

2 Zum Servieren 1 geh. TL Teemischung mit 1 l kochend heißem Wasser aufgießen und ca. 5 Min. ziehen lassen, dann in ein Sieb abgießen.

MEIN GESCHENKTIPP

Für einen »Sommer-im-Glas«-Tee benötigen Sie verschiedene Kultur- und Wildkräuter sowie deren Blüten. Wann immer ein Kraut in meinem Garten blüht, sammle ich ca. 2 Handvoll Blüten ab (einige Blätter dürfen auch gern mit in die Mischung) und trockne sie in der Sonne. Danach fülle ich sie nach und nach in ein 1-l-Glas. Geeignet sind alle Blüten von Würzkräutern sowie die Blüten von Pimpinelle, Oregano, (Zitronen-)Thymian, Lavendel, Minzearten, Schafgarbe, Fetter Henne, Melisse und deren Blätter. Als Basis eignen sich getrocknete Himbeer- und Erdbeerblätter.

30 g Fenchelsamen (3 geh. EL)
10 g gehackte Süßholzwurzel (1 geh. EL)
getr. Schale von 2 Bio-Orangen (2 g, siehe S. 15)
8 getr. Schafgarben-Blütendolden (8 g, mit Stiel, Apotheke oder Internet)

AUSSERDEM

1 Twist-off-Glas (ca. 250 ml Inhalt, sterilisiert)

FÜR 10 PORTIONEN À 5 G)

Zubereitungszeit: 5 Min.
Pro Portion ca. 0 kcal, 0 g EW, 0 g F, 0 g KH

AUCH PRIMA ZUM WÜRZEN

KURKUMAPASTE

FÜR TEE UND SHAKES

150 g frische Kurkumawurzel (Bioladen, ersatzweise 60 g Kurkumapulver)
1 TL natives Kokosöl (ersatzweise 1 EL neutrales Pflanzenöl)

AUSSERDEM

ggf. Einmalhandschuhe
2 Twist-off-Gläser (à ca. 150 ml Inhalt, sterilisiert)

FÜR 20 PORTIONEN À 10 G

Zubereitungszeit: 10 Min.
Garzeit: 30 Min.
Pro Portion ca. 30 kcal, 1 g EW, 1 g F, 4 g KH

1 Die Kurkumawurzel ggf. von Verunreinigungen befreien und in ca. 5 mm dicke Streifen schneiden (dabei am besten Einmalhandschuhe tragen, da die Wurzel extrem färbt).

2 Die Wurzelstücke in einen kleinen Topf geben und 100 ml Wasser dazugießen. Alles einmal aufkochen, dann zugedeckt bei schwacher Hitze ca. 30 Min. köcheln lassen. (Alternativ das Kurkumapulver mit 150 ml Wasser in einem Topf ca. 10 Min. köcheln lassen.)

3 Vom Herd nehmen, das Öl dazugeben und die Kurkumastücke in der Flüssigkeit mit dem Stabmixer zu einer Paste pürieren. Die Paste auf die Gläser verteilen, dann ein Glas im Kühlschrank aufbewahren (Haltbarkeit ca. 2 Wochen), das andere in das Gefriergerät stellen (Haltbarkeit ca. 8 Monate).

4 Alternativ die Paste in Eiswürfelformen verteilen, festdrücken und mind. 5 Std. einfrieren. Die fertigen Kurkumaeiswürfel in ein Twist-off-Glas umfüllen und im Gefriergerät aufbewahren.

MEINE GENUSS- UND TAUSCHTIPPS

Aus der Paste mache ich am liebsten einen Kurkuma-Shake und -Tee (1 geh. TL / l). Der Tee wärmt, die Inhaltsstoffe regen die Verdauung an und binden Fette. Ideal also in Kombination mit herzhaften, üppigen Gerichten. Im Sommer mache ich aus der Paste meinen Lieblingsshake mit Kurkuma. Dazu für 4 Portionen 80 g Mandel- oder Cashewmus, 80 g Kokosraspel, 4 Medjool-Datteln (ohne Stein), 1/2 TL Bourbon-Vanillepulver und 2 geh. TL Kurkumapaste mit 650 ml kaltem Wasser und 5 Eiswürfeln im Mixer sehr fein pürieren.

DIE PASTE IST GELBORANGE WIE DIE SONNE. ICH VERWENDE SIE ALS TEEBASIS, FÜR SHAKES, ALS GEWÜRZ UND ALS NATÜRLICHES FÄRBEMITTEL IN TEIGEN.

INGWER-MINZ-SIRUP

MIT ZITRONENGRAS

SCHNELL GEMACHT UND GANZ OHNE INDUSTRIEZUCKER. DEN SIRUP GIESSE ICH MIT MINERALWASSER AUF ODER TRÄUFLE IHN ÜBER PFLANZENJOGHURT UND -QUARK.

1 daumengroßes Stück Ingwer (40 g)
2 Stiele Pfefferminze
1 Stängel Zitronengras
250 ml Agavendicksaft* (ersatzweise Ahornsirup*)

AUSSERDEM

1 Glasflasche mit luftdichtem Verschluss oder 1 Twist-off-Glas (ca. 250 ml Inhalt, sterilisiert)

FÜR 25 PORTIONEN À 10 ML

Zubereitungszeit: 10 Min.
Ziehzeit: 2 Wochen
Pro Portion ca. 30 kcal, 0 g EW, 0 g F, 8 g KH

1 Den Ingwer schälen und in dünne Scheiben schneiden. Die Minze waschen und trocken tupfen. Das Zitronengras waschen und mit einem Messerrücken zerdrücken, die Stange so zuschneiden, dass sie in die Flasche bzw. das Glas passt.

2 Den Agavendicksaft lauwarm erwärmen. Ingwer, Minzestiele und Zitronengras in die Flasche bzw. das Glas geben und mit dem Agavendicksaft aufgießen. Das Gefäß verschließen und an einem warmen Ort (z. B. auf der Fensterbank) 2 Wochen ziehen lassen.

3 Danach die Kräuter und Gewürze entfernen, den Sirup nach Belieben durch ein Sieb gießen und wieder in eine sterilisierte Flasche bzw. ein sterilisiertes Glas geben. Der Sirup hält sich gut verschlossen sowie kühl, dunkel und trocken gelagert einige Jahre. Nach dem Öffnen weiterhin im Kühlschrank aufbewahren.

COLDBREW-KAFFEE

IN EISWÜRFELFORM

DER KALTAUSZUG VERHINDERT BITTERE KAFFEENOTEN - DAS KAFFEEAROMA HAT DAHER VIEL PLATZ, SICH ZU ENTFALTEN. ES SCHMECKT EINFACH HERRLICH!

1 Am Vortag den Pflanzendrink mit dem Kaffeepulver verrühren und die Mischung zugedeckt im Kühlschrank ca. 12 Std. oder über Nacht ziehen lassen.

2 Am nächsten Tag die Mischung durch ein feines Sieb gießen, dabei die Flüssigkeit auffangen, den Kaffeesatz entsorgen. Die Flüssigkeit mit den übrigen Zutaten mischen und in die Eiswürfelformen füllen. Die Formen mind. 4 Std. in das Gefriergerät stellen.

3 Die fertigen Kaffee-Eiswürfel aus den Formen lösen und in einem Twist-off-Glas oder einer anderen Verpackung im Gefriergerät aufbewahren. Die Würfel innerhalb von 6 Monaten aufbrauchen.

MEINE GENUSSTIPPS

Ideal für coole Shakes (siehe S. 174) oder schnelle Eiscreme (siehe Tipp S. 174). Oder den über Nacht gezogenen Milchkaffee einfach so genießen. Alle Aromen des Kaffees werden im Coldbrew-Verfahren konserviert, die Bitterstoffe entstehen erst gar nicht. Darum schmeckt Coldbrew-Kaffee so, wie frisch gemahlene Bohnen duften!

400 ml Pflanzendrink* nach Wahl (ungesüßt, siehe S. 38/39)
2 EL Kaffeepulver (am besten frisch gemahlen)
6 EL Agavendicksaft* (ersatzweise Ahornsirup*)
1 TL Bourbon-Vanillepulver
1 Prise Salz

AUSSERDEM

2 Eiswürfelformen (à 12 Mulden)
1 Twist-off-Glas (500 ml Inhalt, sterilisiert)

FÜR 24 STÜCK

Zubereitungszeit: 10 Min.
Ziehzeit: 12 Std. oder über Nacht
Gefrierzeit: mind. 4 Std.
Pro Stück ca. 20 kcal, 1 g EW, 0 g F, 3 g KH

HERZHAFTE BASICS

FÜR GENIESSER

WÜRZIGER AUFSCHNITT, PIKANTES GEMÜSE IM GLAS
UND VIELE ANDERE VEGANE LECKER-IDEEN.
MIT DIESEN REZEPTEN MACHEN SIE IHRE KÜCHE ZUR GENUSS-
MANUFAKTUR UND IHREN VORRATS- ZUM ZAUBERSCHRANK!

GRUNDREZEPT FÜR OBST-ESSIG

APFEL-BIRNEN-ESSIG

SELBST ANSETZEN

2 mittelgroße Äpfel (350 g, alternativ Putzreste wie Apfelschalen und -kerngehäuse)
2 mittelgroße Birnen, (350 g, alternativ Putzreste wie Birnenschalen und -kerngehäuse)
1 geh. EL Vollrohrzucker

AUSSERDEM

1 Twist-off-Glas (ca. 3 l Inhalt, sterilisiert)
2 Glasflaschen mit luftdichtem Verschluss (à 1 l Inhalt, sterilisiert)
1 Passiertuch

FÜR 1,8 L (60 PORTIONEN À 30 ML)

Zubereitungszeit: 30 Min.
Zieh- und Gärzeit: 5 Wochen
Pro Portion ca. 5 kcal, 0 g EW, 0 g F, 2 g KH

1 Die Früchte heiß waschen, abtrocknen und halbieren. Die Fruchthälften mit Schale und Kerngehäuse in ca. 1 cm große Würfel schneiden und mit dem Zucker in das 3-l-Glas geben (alternativ 700 g Schalen und Kerngehäuse mit dem Zucker in das Glas geben). Alles mit 1,8 l Wasser aufgießen.

2 Zum Sterilisieren einen Löffel in einem Topf mit kochend heißem Wasser übergießen, vorsichtig herausnehmen und den Glasinhalt damit umrühren. Anschließend die Fruchtstücke damit herunterdrücken, so dass sie fast vollständig mit Wasser bedeckt sind.

3 Aus dem Passiertuch ein Stück (ca. 25 x 25 cm) ausschneiden, den Rest beiseitelegen. Das Tuch auf das Glas legen und mit einem Haushaltsgummi am Glasrand fixieren. Das Glas an einem hellen Ort bei Raumtemperatur 10–14 Tage stehen lassen. Dabei einmal täglich vorsichtig schütteln, um Schimmelbildung vorzubeugen. Während der Gärung bildet sich natürlicherweise Schaum an der Oberfläche.

4 Sobald sich nach max. 14 Tagen ein leichter Essiggeruch eingestellt hat und die Früchte abgesunken sind (bei Bedarf noch ein paar Tage länger stehen lassen), ein Sieb mit dem übrigen Passiertuch auslegen und in eine entsprechend große, sterilisierte Schüssel hängen. Den Essigansatz in das Sieb gießen und abtropfen lassen, dabei den Essigansatz auffangen, die Früchte entfernen.

5 Zum Sterilisieren das Glas mit 2 l kochend heißem Wasser ausspülen. Die aufgefangene Flüssigkeit in das Glas füllen. Den Ansatz wieder mit Passiertuch und Gummi verschließen und an einem hellen Ort bei Raumtemperatur ca. 3 Wochen gären lassen. Den fertigen Essig in die Flaschen füllen, gut verschließen und dunkel, kühl und trocken lagern. Er hält sich so mehrere Jahre.

MEINE EXTRATIPPS

Ich setze meinen Essig gern gleichzeitig zum Apfelkuchenbacken an. Das ist so schön praktisch, denn die Apfelschalen und -kerngehäuse landen im Essigglas, das Fruchtfleisch in einer leckeren Apfeltarte (siehe S. 178). In diesem Fall gieße ich nur mit 1 l Wasser auf und erhalte dann einen reinen Apfelessig. Übrigens eignen sich auch andere Obstsorten zum Vergären: Beispielsweise Quitten, Marillen, Mirabellen oder Himbeeren lassen sich auf diese Weise wunderbar zu Essig verarbeiten.

DIY-GEMÜSEBRÜHE

----- **INSTANT** -----

FALLS MIR GEMÜSESTÜCKE BEI DIESEM REZEPT ÜBRIG BLEIBEN, MACHE ICH DARAUS SALZGEMÜSE. SCHAUEN SIE DAZU DOCH MAL AUF DER SEITE RECHTS!

600 g Möhren | 250 g Pastinaken
350 g Knollensellerie | 250 g Lauch
400 g Staudensellerie
je 1 Bund Petersilie und Liebstöckel
(ersatzweise 2 Bund Petersilie)
1 daumengroßes Stück Ingwer
50 g Medjool-Datteln (ohne Stein, ersatzweise
50 g Vollrohrzucker)
50 g Salz (2 geh. EL)
1 großes Lorbeerblatt
1 TL schwarze Pfefferkörner
1/4 TL Macis (Muskatblüte, ersatzweise
frisch geriebene Muskatnuss)

AUSSERDEM

Backpapier
2 Twist-off-Gläser (à ca. 500 ml Inhalt, sterilisiert)

FÜR 80 PORTIONEN À 4 G

Zubereitungszeit: 35 Min.
Trockenzeit: 10 Std oder über Nacht.
Pro Portion ca. 5 kcal, 0 g EW, 0 g F, 1 g KH

1 Möhren, Pastinaken und Knollensellerie schälen und waschen. Lauch und Staudensellerie putzen und waschen. Die Kräuter waschen und trocken tupfen. Das Wurzelgemüse auf der Gemüsereibe fein raspeln, Lauch und Staudensellerie in sehr feine Scheiben schneiden und die Kräuter mit den Stielen grob hacken. Ingwer nach Belieben schälen und in dünne Scheiben schneiden. Datteln in grobe Stücke schneiden.

2 2 Backbleche mit Backpapier auslegen und Gemüse, Krätuer, Ingwer und Datteln darauf verteilen. Alles im Ofen (Mitte) bei 45° (Umluft empfohlen) ca. 10 Std. trocknen lassen, dabei einen Holzlöffelstiel in die Ofentür klemmen. (Alternativ ca. 1 1/2 Tage auf der Heizung oder in der Sonne trocknen lassen.)

3 Das getrocknete Gemüse herausnehmen und mit Salz, Lorbeer, Pfeffer und Macis im Standmixer oder Blitzhacker nicht zu fein mahlen, sodass noch kleine Gemüsestücke zu erkennen sind. Die Brühe in die Gläser füllen, dabei den Glasboden immer wieder auf die Arbeitsfläche klopfen, damit sich der Inhalt setzt. Sie hält sich kühl und trocken gelagert 1–2 Jahre. Zur Zubereitung 1 leicht geh. TL (4 g) Brühpulver mit 250 ml Wasser aufgießen.

SALZGEMÜSE

NACH GROSSMUTTERS ART

LÄSST SICH PRIMA IM GLAS ODER KERAMIKTOPF AUFBEWAHREN – WEGEN DES HOHEN SALZGEHALTS AM BESTEN MIT EINEM GLAS- ODER PLASTIKDECKEL VERSCHLIESSEN.

1 Möhren und Knollensellerie schälen und waschen. Lauch und Staudensellerie putzen und waschen. Die Petersilie waschen, trocken tupfen und die Blätter abzupfen. Das Wurzelgemüse auf der Gemüsereibe fein raspeln, Lauch und Staudensellerie in sehr feine Scheiben schneiden und die Kräuter fein hacken. Die Zwiebeln schälen und fein würfeln.

2 Gemüse und Kräuter in einer Schüssel mit Zucker und Salz mischen und ca. 10 Min. ziehen lassen. Dann den ausgetretenen Pflanzensaft abgießen und auffangen. Das Gemüse mit dem verbliebenen Salz in das Glas füllen und verschlossen im Kühlschrank aufbewahren. Die Mischung hält sich 4–6 Monate. Mit der doppelten Salzmenge ist das Gemüse über 1 Jahr haltbar, allerdings auch ungleich salziger.

3 Den aufgefangenen Pflanzensaft auf Eiswürfelbehälter verteilen und einfrieren. Die Eiswürfel nach Belieben zum Würzen von Saucen und Suppen verwenden.

FÜR BRÜHEN UND SUPPEN

MEIN TAUSCHTIPP

Für ein asiatisch gewürztes Salzgemüse zusätzlich 1 daumenlanges Stück Ingwer schälen und fein reiben, 1 Stängel Zitronengras in sehr feine Streifen schneiden und statt Petersilie 3 Bund Koriander dazugeben. Das Asia-Salzgemüse passt wunderbar in wärmende Miso-Gemüsesuppen oder zu asiatischem Wokgemüse! Am besten am Ende der Garzeit dazugeben.

400 g Möhren
350 g Knollensellerie
250 g Lauch
250 g Staudensellerie
2 Bund Petersilie
3 rote Zwiebeln
50 g Kokosblütenzucker (Bioladen, ersatzweise Vollrohrzucker)
350 g Salz

AUSSERDEM

1 Twist-off- oder Einmachglas (ca. 1 l Inhalt, sterilisiert)

FÜR 20 PORTIONEN

Zubereitungszeit: 20 Min.
Pro Portion ca. 20 kcal, 1 g EW, 0 g F, 4 g KH

SOJAQUARK

SELBST GEMACHT

WIE FRISCHKÄSE

300 g geschälte Sojabohnen* (siehe Tipp)
4 EL Weißweinessig (ersatzweise naturtrüber Apfelessig)

AUSSERDEM
1 Passiertuch

FÜR 5 PORTIONEN À 100 G
Zubereitungszeit: 1 Std.
Einweichzeit: 8 Std. oder über Nacht
Abtropfzeit: 20 Min. (für Tofu 10 Std. oder über Nacht)
Pro Portion ca. 275 kcal, 22 g EW, 14 g F, 14 g KH

1 Am Vortag die Sojabohnen mit der dreifachen Menge Wasser zugedeckt ca. 8 Std. oder über Nacht einweichen.

2 Am nächsten Tag in ein Sieb abgießen, mit kaltem Wasser abspülen und abtropfen lassen. Die Bohnen mit 1 1/2 l frischem Wasser im Standmixer oder in der Küchenmaschine mit Messereinsatz pürieren.

3 Das Püree in einen hohen Topf (ca. 5 l Inhalt) geben und nochmals 1 1/2 l Wasser dazugießen. Dann alles unter Rühren aufkochen und bei schwacher Hitze ca. 20 Min. köcheln lassen, dabei immer wieder umrühren (Vorsicht, die Masse kocht leicht über!). Inzwischen ein Sieb mit einem Passiertuch auslegen und in eine entsprechend große Schüssel hängen.

4 Das Püree in das Sieb gießen und etwas abkühlen lassen, dabei den Sojadrink auffangen. Das Passiertuch oben zusammennehmen und die gesamte Flüssigkeit aus dem Sojabohnenbrei pressen. (Den ausgepressten Sojabrei – Okara genannt – anderweitig verwenden oder einfrieren, die Masse eignet sich als eiweißreiche Zugabe zu Gemüsebratlingen.)

5 Den Sojadrink in einem sauberen Topf bis kurz vor den Siedepunkt erhitzen und vom Herd ziehen. Den Essig einrühren und alles ca. 10 Min. ausflocken lassen.

6 Inzwischen das Passiertuch reinigen und wieder ins das Sieb legen. Den gestockten Sojadrink in das Sieb gießen und ca. 20 Min. abtropfen lassen, die aufgefangene Sojamolke anschließend entfernen.

7 Die abgetropfte Masse wie Frischkäse verwenden oder noch zu Tofu pressen. Dafür das Tuch über dem Sojafrischkäse zusammenschlagen, mit einem schweren Gegenstand beschweren und 8–10 Std. oder über Nacht im Kühlschrank abtropfen lassen. Der Frischkäse hält sich in einem sauberen Schraubglas oder einer Plastikbox verpackt im Kühlschrank 7 Tage, der Tofu 2 Wochen.

MEIN EXTRATIPP

Zur Sojadrink- und Sojaquark- oder Tofuzubereitung am besten immer geschälte Sojabohnen verwenden, die sich laut Packungsanweisung für diese Verwendungsweise eignen. Sie schmecken im Endprodukt nicht so bitter. Ich nehme außerdem Bioware, da diese ohne Gentechnik erzeugt wird.

NICHT NUR ALS BROTAUFSTRICH

GEREIFTE NUSSLAIBCHEN

MIT KRÄUTERN ODER RÄUCHERAROMA

FÜR DIE BASIS
400 g Cashewkerne
200 ml Brottrunk (ersatzweise unerhitzter Frischsauerkrautsaft)
1 TL Salz
4 EL Hefeflocken* (nach Belieben)

FÜR DIE KRÄUTERLAIBCHEN
1 leicht geh. EL fein gehackter Oregano (5 Zweige, ersatzweise 1 TL getr. Oregano)
1 EL fein gehackter Rosmarin (2 Zweige, ersatzweise 1 TL getr. Rosmarin)
1/2 EL fein gehackter Thymian (ersatzweise 1/2 TL getr. Thymian)
1 TL Blütenmischung zum Würzen (nach Belieben, Bioladen)
1/2 TL Salz
1 TL schwarzer Pfeffer aus der Mühle

FÜR DIE RÄUCHERPAPRIKALAIBCHEN
1 TL geräuchertes Paprikapulver
1 EL Pul Biber (ersatzweise 1 TL Chiliflocken)

AUSSERDEM
Frischhaltefolie
Backpapier

FÜR 4 LAIBCHEN (À CA. 150 G)
Zubereitungszeit: 45 Min.
Einweichzeit: 16 Std. oder über Nacht
Abtropfzeit: 24 Std. bzw. 1 Tag
Kühlzeit: 2 Std.
Reifezeit: 12 Std. plus 4 Tage
Pro Laibchen ca. 575 kcal, 17 g EW, 42 g F, 31 g KH

1 Für die Basis die Cashewkerne mit der dreifachen Menge Wasser zugedeckt 12–16 Std. oder über Nacht einweichen. Dann in ein Sieb abgießen und mit kaltem Wasser abspülen, abtropfen lassen.

2 Am nächsten Tag die Kerne mit dem Brottrunk im Standmixer oder in der Küchenmaschine mit Messereinsatz sehr fein pürieren. Dabei den Mixer immer wieder ausschalten und die Masse vom Rand zu den Messern schieben. 5–10 Min. pausieren, falls der Mixer zu warm geworden ist. Danach die Masse zugedeckt bei Raumtemperatur ca. 12 Std. oder über Nacht reifen lassen.

3 Am übernächsten Tag ein Haarsieb mit 2 Lagen Küchenpapier auslegen und in eine entsprechend große Schüssel hängen. Die Masse mit Salz und nach Belieben mit Hefeflocken würzen, gut umrühren und in das Sieb füllen. Mit Küchenpapier abdecken und beschweren (z. B. mit einem mit Wasser gefüllten Twist-off-Glas), im Kühlschrank ca. 24 Std. abtropfen lassen.

4 Am darauffolgenden Tag jeweils ein Viertel der Masse auf ein ca. 25 cm langes Stück Frischhaltefolie geben und mit angefeuchteten Händen zu einer ca. 10 cm langen Rolle (Ø ca. 5 cm) ausstreichen, vorsichtig mithilfe der Folie aufrollen und die Folie an den Enden wie Bonbonpapier verschließen. Dabei die Enden so lange drehen, bis eine gleichmäßige Rolle entstanden ist. Auf diese Weise 4 Rollen herstellen und 1–2 Std. kühl stellen.

5 Inzwischen die Zutaten für die Kräuter- und Räucherpaprikalaibchen jeweils auf einem Teller mischen. Einen weiteren Teller mit Backpapier auslegen. Die Rollen vorsichtig aus der Folie wickeln, je 2 in einer Mischung wälzen und auf das Backpapier setzen. Bei Raumtemperatur 3–4 Tage trocknen und nachreifen lassen. Danach kühl aufbewahren, innerhalb von 6 Wochen verbrauchen. Alternativ die Laibchenmasse einfrieren (z. B. in Eiswürfelbehältern), so ist sie 4–6 Monate haltbar.

SCHMECKT AUCH OHNE REIFEN: MIT FRISCHEN KRÄUTERN WIE DILL ODER EINER MISCHUNG AUS PFEFFER, PAPRIKAPULVER UND KREUZKÜMMEL; ALS DIP ODER BROTAUFSTRICH; ODER MIT ETWAS ZITRONENSAFT GLATT GERÜHRT FÜR SUPPEN UND SAUCEN.

MAJORAN-GEWÜRZ-AUFSCHNITT

----- MIT GETROCKNETEN TOMATEN -----

SOJA- UND GLUTENFREI

100 g getr. Tomaten
2 Zwiebeln
1/2 Bund Majoran (ersatzweise 1 TL getr. Majoran)
2 geh. EL festes Pflanzenfett zum Braten (z. B. aus Kokos)
1 TL Fenchelsamen
1 TL Bockshornkleesamen
2 TL schwarzer Pfeffer aus der Mühle
1 EL gekörnte Gemüsebrühe (S. 68)
300 g Erbsenmehl (aus grünen oder gelben Erbsen, ersatzweise Kichererbsenmehl, Bioladen)
3 EL Shoyu-Sauce* (ersatzweise Tamari- oder dunkle Sojasauce*)

✦

AUSSERDEM

Frischhaltefolie
Topf mit Dämpfeinsatz

✦

FÜR 2 ROLLEN (CA. 8 PORTIONEN)

Zubereitungszeit: 35 Min.
Garzeit: 1 Std.
Pro Portion ca. 165 kcal, 9 g EW, 5 g F, 20 g KH

1 Die getrockneten Tomaten in einer Schüssel mit 700 ml kochendem Wasser aufgießen und bis zur Verwendung beiseitestellen. Die Zwiebeln schälen und sehr fein würfeln. Den Majoran waschen, trocken tupfen, die Blätter abzupfen und fein hacken.

2 Das Fett in einem Topf erhitzen und Zwiebelwürfel, Fenchel- und Bockshornkleesamen darin bei mittlerer Hitze ca. 3 Min andünsten, bis die Zwiebelwürfel leicht angeröstet sind. Pfeffer, Brühe und Erbsenmehl dazugeben, alles gut verrühren und das Mehl unter Rühren 1–2 Min. trocken rösten, bis Röstaromen aufsteigen.

3 Den Topf vom Herd ziehen, die getrockneten Tomaten samt Einweichwasser, Majoran und Shoyu-Sauce hinzufügen und alles gut verrühren. Dann mit dem Stabmixer zu einer feinen Paste pürieren.

4 Jeweils die Hälfte der Paste auf ein ca. 40 cm langes Stück Frischhaltefolie streichen und mit angefeuchteten Händen zu einer ca. 25 cm langen Rolle vorformen. Die Rollen in die Folie einschlagen, beide Enden wie ein Bonbon verschließen und durch weiteres Eindrehen straff ziehen, sodass die Erbsenmasse festgedrückt wird.

5 Ausreichend Wasser in einem Topf mit Dämpfeinsatz erhitzen. Die Rollen in den Dämpfeinsatz legen und zugedeckt über dem leicht kochenden Wasser ca. 1 Std. dämpfen. Herausnehmen, aus der Folie wickeln und luftdicht in Plastikboxen verpacken. Der Aufschnitt hält sich luftdicht verpackt im Kühlschrank ca. 1 Woche.

MEIN PRAXISTIPP

Der Aufschnitt lässt sich auch im Glas zubereiten bzw. einkochen: Dafür 6 sterilisierte Twist-off-Gläser (à ca. 150 ml Inhalt) mit etwas Öl fetten und die noch sehr warme Masse hineindrücken, so dass möglichst keine großen Lufteinschlüsse im Glas entstehen. Die Gläser in einen Topf stellen, zur Hälfte Wasser angießen und aufkochen. Dann zugedeckt bei schwacher Hitze ca. 30 Min. köcheln lassen, anschließend die Gläser aus dem Wasser nehmen und abkühlen lassen. Die Gläser können direkt eingefroren werden, zum Servieren einfach stürzen.

SEHR LECKER AUF FRISCHEM BROT ODER KURZ GEBRATEN ALS SALATBEIGABE.

DER AUFSCHNITT LÄSST SICH EINFRIEREN, SO HÄLT ER SICH 2 MONATE.

RÄUCHERN OHNE OFEN

TEMPEH

IM TOPF GERÄUCHERT

100 g Räuchermehl (z. B. aus Buchenspänen, Angelbedarf oder Internet)
3 EL natives Olivenöl (ersatzweise neutrales Pflanzenöl)
1 TL Salz
3 Tempeh (600 g, Bio- oder Asialaden)

AUSSERDEM

1 alter Topf (ca. 5 l Inhalt, am besten mit Glasdeckel)
1 runder Edelstahlrost mit Standfüßen (siehe Tipp)
(alternativ 1 Tischräucherofen mit Gittereinsatz)

FÜR 12 PORTIONEN

Zubereitungszeit: 5 Min.
Räucherzeit: 50 Min.
Pro Portion ca. 95 kcal, 9 g EW, 6 g F, 1 g KH

MEINE EXTRATIPPS

Die Lust am Räuchern entdeckt? Auf diese Weise lassen sich noch eine Menge anderer Lebensmittel verfeinern. Hier meine Räucherzeiten für weitere Zutaten:
Champignons (ganz): 30 Min.
Nüsse, Kerne und Saaten: 20 Min.
Reis: 25 Min. (anschließend wie gewohnt kochen)
Tempeh oder Naturtofu (ganz): 45-50 Min. (wie beschrieben vorher einölen)
Salz: 35 Min. (auf zwei Lagen Backpapier auf den Rost streuen)

1 Alle Zutaten und Hilfsmittel bereitstellen. Der Topf sollte gut schließen und kann danach nicht mehr zum Kochen verwendet werden.

2 Das Räuchermehl auf den Boden des Topfes (oder des Tischräucherofens) geben. Den Rost in den Topf setzen. Das Öl mit dem Salz mischen und die Tempeh-Stücke damit rundum gründlich einreiben. Die Tempeh-Stücke auf den Rost setzen und den Deckel auflegen.

3 Den verschlossenen Topf auf höchster Stufe 3–4 Min. erhitzen, bis beim kurzen Anheben des Deckels ein Räucherduft wahrzunehmen ist. Dann die Hitze herunterschalten und die Tempeh-Stücke bei schwacher Hitze 40–50 Min. (nach gewünschtem Raucharoma) räuchern, dabei den Deckel fest geschlossen halten. (Sollte sich sehr viel Rauch im Topf entwickelt haben, so dass der Topfinhalt nicht mehr zu erkennen ist, die Hitze weiter reduzieren.)

4 Anschließend den Topf an einem weit geöffneten Fenster oder im Freien öffnen und ausdampfen lassen. Die Tempeh-Stücke aus dem Topf nehmen, gut verpacken und im Kühlschrank aufbewahren oder einfrieren. Sie halten sich 2 Wochen im Kühlschrank und 6 Monate im Gefriergerät.

RÄUCHERN IM TOPF IST SOGAR IN DER WOHNUNG MÖGLICH. DIE HITZE IST NIEDRIG, DER RAUCH BLEIBT ZUM GRÖSSTEN TEIL IM TOPF UND DAS ERGEBNIS KANN SICH SEHEN LASSEN! PROBIEREN SIE ES EINFACH AUS UND RÄUCHERN SIE NOCH MEHR (SIEHE TIPP)!

IN ZWEI VARIANTEN

MARINIERTER TEMPEH

----- ZUM EINFRIEREN -----

4 Tempeh (800 g, siehe Tipp)
2 geh. TL BBQ-Würzpaste (20 g, siehe S. 132)
3 geh. TL Garam-Masala-Würzpaste (30 g, siehe S. 133)
125 ml Shoyu-Sauce* (ersatzweise Tamari- oder dunkle Sojasauce*)
10 EL neutrales Pflanzenöl zum Braten
2 EL Ahornsirup*

✦

AUSSERDEM

Backpapier

✦

FÜR 8 PORTIONEN

Zubereitungszeit: 25 Min.
Backzeit: 40 Min.
Pro Portion ca. 290 kcal, 19 g EW, 21 g F, 6 g KH

1 2 Backbleche mit Backpapier auslegen. Die Tempeh-Stücke längs (bei Rollen) oder quer (bei Blöcken) in 24 ca. 5 mm dünne Scheiben schneiden. Die Scheiben nebeneinander auf die Bleche legen.

2 Die BBQ-Paste und die Garam-Masala-Paste getrennt mit jeweils 5 EL Shoyu-Sauce, 2 EL Öl und 1 EL Ahornsirup glatt rühren. Die Hälfte der Tempeh-Scheiben mit der BBQ-Marinade, die andere Hälfte mit der Garam-Masala-Marinade bestreichen.

3 Die Tempeh-Scheiben im Ofen bei 160° (Umluft empfohlen) ca. 15 Min backen. Die Bleche aus dem Ofen nehmen, die Tempeh-Scheiben mit dem übrigen Öl bestreichen und nochmals ca. 25 Min backen.

4 Den gebackenen Tempeh aus dem Ofen nehmen und abkühlen lassen. Anschließend gut verpackt portionsweise einfrieren (Haltbarkeit 6–8 Monate) oder im Kühlschrank (Haltbarkeit 4 Tage) aufbewahren. Zum Servieren die Tempeh-Scheiben als Brotbelag nur auftauen oder als Beilage nach Belieben nochmals aufwärmen.

MEIN PRAXISTIPP

Tempeh ist ein Produkt aus gekochten, fermentierten Sojabohnen, das meist gebraten wird. Sie finden es im Bio- oder Asienladen.

GURKEN-RELISH

MIT LAUCH UND PAPRIKA

WER WILL, ENTFERNT DIE KERNE DER CHILISCHOTE BEIM PUTZEN NICHT, SONDERN KOCHT SIE IM RELISH EINFACH MIT - FÜR EIN EXTRA SCHARFES GURKEN-RELISH!

1 kg Salatgurken
300 g Lauch
2 große gelbe Paprikaschoten
50 g Ingwer
4 Knoblauchzehen
1 Chilischote (rot, gelb oder grün)
2 EL Öl
2 TL Koriandersamen
4 TL gelbe Senfsamen
200 g Vollrohrzucker
250 ml naturtrüber Apfelessig*
2 TL Salz

AUSSERDEM

7 Twist-off-Gläser (à ca. 200 ml Inhalt, sterilisiert)

FÜR 28 PORTIONEN À 50 G

Zubereitungszeit: 20 Min.
Garzeit: 1 Std.
Ziehzeit: 4 Tage
Pro Portion ca. 45 kcal, 0 g EW, 1 g F, 9 g KH

1 Die Gurken waschen, schälen und längs halbieren. Das Kerngehäuse mit einem Löffel herauskratzen und das Fruchtfleisch in feine Würfel schneiden. Den Lauch putzen, waschen und in feine Würfel schneiden. Die Paprika längs halbieren, entkernen, waschen und in feine Würfel schneiden. Ingwer und Knoblauch schälen und fein würfeln. Die Chili nach Belieben entkernen und das Fruchtfleisch fein hacken.

2 Das Öl in einem Topf erhitzen und Koriander-, Senfsamen und Ingwer darin bei schwacher Hitze 3–4 Min. langsam anrösten, dabei ab und zu umrühren. Lauch und Knoblauch hinzufügen und unter Rühren bei starker Hitze ca. 1 Min. andünsten. Das übrige Gemüse, Chili, Zucker, Essig und Salz unterrühren und alles zugedeckt bei schwacher Hitze ca. 1 Std. köcheln lassen.

3 Die Gläser mit kochend heißem Wasser ausspülen und das heiße Relish bis zum Rand einfüllen. Die Glasränder sorgfältig reinigen, die Gläser sofort verschließen und mit einem Küchentuch bedeckt bei Raumtemperatur langsam abkühlen lassen. Die Deckelmitte darf sich nach dem Abkühlen nicht mehr nach unten drücken lassen. Das Relish mind. 4 Tage ziehen lassen. Es hält sich luftdicht verschlossen, kühl und trocken mind. 1 Jahr.

RHABARBER-

KONFITÜRE MIT ZWIEBELN

DIESE PIKANTE KONFITÜRE KOMMT MILD-WÜRZIG UND NICHT ZU SAUER DAHER - PERFEKT ALS HERZHAFTER BROTAUFSTRICH ODER IM SOMMER ALS GRILLSAUCE.

1 Die Zwiebeln schälen und in feine Würfel schneiden. Den Rhabarber waschen, putzen und entfädeln. Die Stangen in 1 cm breite Stücke schneiden. Die Datteln in feine Würfel schneiden. Den Rosmarin waschen, trocken tupfen, die Nadeln abzupfen und fein hacken.

2 Das Öl in einem Topf erhitzen und die Zwiebeln und Datteln darin bei mittlerer Hitze in 1–2 Min. glasig andünsten. Die übrigen Zutaten dazugeben, dabei zuletzt mit Saft ablöschen und gut umrühren. Die Mischung einmal aufkochen, dann zugedeckt bei schwacher Hitze 5–7 Min. köcheln lassen, bis der Rhabarber zerfallen ist.

3 Die Gläser mit kochend heißem Wasser ausspülen, die heiße Konfitüre einfüllen und die Glasränder sorgfältig reinigen. Die Gläser sofort verschließen und mit einem Küchentuch bedeckt bei Raumtemperatur langsam abkühlen lassen. Die Deckelmitte darf sich nach dem Abkühlen nicht mehr nach unten drücken lassen. Die Konfitüre kühl, dunkel und trocken lagern, sie hält sich so 8–9 Monate.

MIT ROSMARIN UND DATTELN

MEIN TAUSCHTIPP

Das Natron neutralisiert die Säure des Rhabarbers ein wenig. Wenn Sie es weglassen, wird die Konfitüre zum süßsauren Chutney. Sie können diese herzhafte Konfitüre außerhalb der Rhabarbersaison auch mit Marillen, Birnen oder Sauerkirschen herstellen (in diesen Fällen das Natron weglassen).

2 Gemüsezwiebeln
450 g Rhabarber
8 Medjool-Datteln (ohne Stein)
6 Zweige Rosmarin
4 EL neutrales Pflanzenöl zum Braten
1/2 TL Natron (siehe Tipp) | 2 1/2 TL Salz
2 Msp. gemahlener Koriander
2 TL Pul Biber (ersatzweise 1 TL Chiliflocken)
10 g Pektin (Bioladen, ersatzweise 1/2 TL Agar-Agar*)
400 ml naturtrüber Apfelsaft* (ersatzweise Orangensaft)

AUSSERDEM

4 Twist-off-Gläser (à ca. 300 ml Inhalt, sterilisiert)

FÜR 16 PORTIONEN À 50 G

Zubereitungszeit: 30 Min.
Pro Portion ca. 60 kcal, 1 g EW, 3 g F, 7 g KH

GRILLPAPRIKA

IM GLAS EINGESCHICHTET

MIT JUNGEM KNOBLAUCH UND KRÄUTERN

FÜR DAS GRILLGEMÜSE

150 g grüne Paprikaschoten
400 g rote Paprikaschoten
50 g Peperonischoten (rot, gelb oder grün)
1/4 frische Knoblauchknolle
3 TL neutrales Pflanzenöl zum Braten

FÜR DAS WÜRZÖL

je 3 Zweige Rosmarin und Thymian
6 Zweige Oregano
1 Bio-Limette
1/2 TL Salz
1 TL schwarze Pfefferkörner
1 Lorbeerblatt
500 ml natives Olivenöl

AUSSERDEM

Backpapier
1 Twist-off-Glas (ca. 1 l Inhalt, sterilisiert)

FÜR 10 PORTIONEN À 70 G (ABGETROPFT)

Zubereitungszeit: 45 Min.
Garzeit: 5 Min.
Pro Portion ca. 145 kcal, 1 g EW, 14 g F, 3 g KH

1 Für das Grillgemüse den Backofen auf 220° vorheizen. Ein Backblech mit Backpapier auslegen. Paprika und Peperoni längs halbieren, entkernen und waschen. Den Knoblauch nach Belieben zerteilen. Paprika in 3–4 cm breite Spalten schneiden, größere Spalten nochmals quer halbieren. Peperoni längs halbieren oder dritteln.

2 Paprika, Peperoni und Knoblauch mit dem Öl mischen, auf das Blech legen (Paprika mit der Haut nach oben) und im Ofen (oben) ca. 5 Min. garen, bis die Haut der Paprika Blasen wirft und bräunt. Falls möglich, die Grillfunktion zuschalten. Das Gemüse aus dem Ofen nehmen, in eine Plastikbox legen, diese fest verschließen und das Gemüse abkühlen lassen.

3 Inzwischen für das Würzöl die Kräuter waschen, trocken tupfen, die Nadeln bzw. Blätter abzupfen und fein hacken. Die Limette heiß waschen, abtrocknen, die Schale fein abreiben und den Saft auspressen. Kräuter, Limettenschale und -saft, Salz und Pfeffer mischen und unter das Gemüse heben.

4 Das gewürzte Gemüse mit dem Lorbeerblatt in das Glas schichten. Zuletzt alles mit Öl aufgießen (Gemüse und Kräuter sollen vollständig bedeckt sein). Die Paprika halten sich luftdicht verschlossen und trocken gelagert im Kühlschrank ca. 2 Wochen.

KURZ GEBRATEN ODER GEGRILLT UND IN ÖL EINGELEGT – SO WIRD AUS PAPRIKA RUCKZUCK EIN LECKERER BROTBELAG ODER EINE WÜRZIGE VORSPEISE.

TOMATENSTÜCKE

MIT KRÄUTERN

FÜR SCHNELLE PIZZASAUCE, LASAGNE UND PASTA! AM BESTEN WIRD'S IMMER MIT SONNENGEREIFTEN BIO-TOMATEN UND SOLCHEN, DIE WENIG KERNE BESITZEN.

3 kg vollreife Flaschentomaten (ersatzweise Fleischtomaten)
1 Bund Oregano
je 1/2 Bund Rosmarin und Thymian
4 Knoblauchzehen
2 EL Tomatenmark
6 EL Ahornsirup* (ersatzweise Agavendicksaft*)
2 TL Salz
1 Msp. Zimtpulver
2 EL gekörnte Gemüsebrühe (siehe S. 68)

AUSSERDEM

6 Twist-off-Gläser (à ca. 500 ml Inhalt, sterilisiert)

FÜR 12 PORTIONEN À CA. 250 G

Zubereitungszeit: 40 Min.
Einkochzeit: 1 Std. 50 Min.
Ziehzeit: 30 Min.
Pro Portion ca. 65 kcal, 3 g EW, 1 g F, 12 g KH

1 Die Tomaten waschen und vierteln, dabei die Stielansätze entfernen. Die Kräuter waschen, trocken tupfen, die Blätter bzw. Nadeln abzupfen und grob hacken. Den Knoblauch schälen und fein würfeln.

2 Die Tomatenviertel mit den übrigen Zutaten in eine Küchenmaschine mit Messereinsatz geben und per Pulsfunktion hacken, bis eine stückige Masse entstanden ist (alternativ portionsweise im Blitzhacker verarbeiten).

3 Den Backofen auf 175° vorheizen. Die gehackten Tomaten in einem Topf aufkochen und offen bei mittlerer Hitze ca. 10 Min. köcheln lassen. Dann noch heiß bis ca. 1 cm unter den Rand in die Gläser füllen und die Glasränder sorgfältig reinigen. Die Gläser verschließen und in eine ofenfeste Form (ca. 20 x 30 cm) stellen, sodass sie sich nicht berühren. 2 cm hoch Wasser angießen und die Gläser im Backofen (unten) ca. 20 Min. erhitzen, bis Blasen aufsteigen. Die Backofentemperatur danach auf 150° reduzieren und die Gläser im Ofen noch ca. 1 Std. 30 Min. einkochen.

4 Dann den Ofen ausschalten und die Gläser im abgeschalteten Ofen noch ca. 30 Min. ziehen lassen. Anschließend herausnehmen und mit einem Küchentuch bedeckt bei Raumtemperatur langsam abkühlen lassen. Die Deckelmitte darf sich nach dem Abkühlen nicht mehr nach unten drücken lassen. Die Tomaten sind ca. 1 Jahr haltbar, kühl, dunkel und trocken aufbewahren.

STECKRÜBEN

----- FERMENTIERT -----

FERMENTIEREN IST EINE DER ÄLTESTEN METHODEN, GEMÜSE VITAMINSCHONDEND HALTBAR ZU MACHEN. SAUERKRAUT MACHT'S VOR, WIR MACHEN'S NACH.

1 Die Steckrübe schälen und in 1 cm große Würfel schneiden. Den Ingwer schälen und in sehr feine Würfel schneiden. Den Rosmarin waschen. Das Glas mit kochend heißem Wasser ausspülen und die Steckrüben- und Ingwerwürfel mit Rosmarinzweigen, Pfefferkörnern und Lorbeer in das Glas füllen.

2 In einem Topf 1 l Wasser aufkochen, das Salz dazugeben und darin auflösen. So viel Salzwasser kochend heiß über die Zutaten gießen, dass alle Steckrübenwürfel vollständig bedeckt sind. Mit offenem Deckel abkühlen lassen, dann locker verschließen.

3 Das Glas an einem dunklen Ort bei Raumtemperatur mindestens 1 Woche ziehen lassen. Dabei jeden Tag einmal öffnen, damit überschüssige Luft entweichen kann. Anschließend im Kühlschrank aufbewahren, so halten sich die Steckrüben ca. 1 Jahr.

MEIN TAUSCHTIPP

Dieses Basisrezept lässt sich vielfältig abwandeln. Rote Bete, Möhren, Pastinaken, Knollensellerie, Wirsing, Kohl - das alles können Sie wie beschrieben fermentieren. Ich serviere das fermentierte Gemüse dann gern wie Pickles als Appetitanreger oder werte damit Salate auf.

1 mittelgroße Steckrübe (650 g)
1 walnussgroßes Stück Ingwer (20 g)
2 Zweige Rosmarin
2 TL Pfefferkörner
2 Lorbeerblätter
2 EL Salz (30 g)

AUSSERDEM

1 Twist-off-Glas (ca. 1 l Inhalt, sterilisiert)

FÜR 20 PORTIONEN À 35 G

Zubereitungszeit: 25 Min.
Fermentierzeit: mind. 1 Woche
Pro Portion ca. 10 kcal, 0 g EW, 0 g F, 2 g KH

KICHERERBSEN

IM GLAS

EGAL, OB ERBSEN, BOHNEN ODER LINSEN - GRUNDSÄTZLICH LASSEN SICH MIT DIESER METHODE DES HEISSEINFÜLLENS ALLE SORTEN VON HÜLSENFRÜCHTEN HALTBAR MACHEN.

500 g getr. Kichererbsen
1 Msp. Natron (nach Belieben)

AUSSERDEM

5 Twist-off-Gläser (à ca. 350 ml Inhalt, sterilisiert)

FÜR 10 PORTIONEN À CA. 175 G

Zubereitungszeit: 30 Min.
Garzeit: 1 Std.
Einweichzeit: 12 Std. oder über Nacht
Pro Portion ca. 105 kcal, 6 g EW, 2 g F, 15 g KH

1 Am Vortag die Kichererbsen mit Wasser bedecken und ca. 12 Std. oder über Nacht einweichen.

2 Am nächsten Tag das Einweichwasser abgießen, die Kichererbsen mit 3 l frischem Wasser und nach Belieben mit Natron aufkochen und offen bei mittlerer Hitze in 50–60 Min. weich kochen (ohne Natron ca. 1 Std.).

3 Die Kichererbsen mit einem Schaumlöffel aus dem Topf nehmen und sofort auf die Gläser verteilen. Die Gläser mit dem kochend heißen Kochwasser bis ca. 1 cm unter den Rand auffüllen, sodass die Kichererbsen vollständig damit bedeckt sind. Die Gläser sofort verschließen und mit einem Küchentuch bedeckt bei Raumtemperatur langsam abkühlen lassen. Die Deckelmitte darf sich nach dem Abkühlen nicht mehr nach unten drücken lassen. Die Kichererbsen halten sich kühl, dunkel und trocken gelagert ca. 6 Monate im Glas.

MEIN PRAXISTIPP

Den Hülsenfrüchten können Sie vor dem Abfüllen in Gläser zusätzlich Kräuter hinzufügen: Auf 500 g getr. Hülsenfrüchte rechne ich je 1 1/2 TL getr. Bohnenkraut und Oregano sowie 2 TL getr. Rosmarin.

LINSEN

SÜSSSAUER EINGELEGT

SIE KÖNNEN DIE VERSCHIEDENEN LINSENSORTEN NATÜRLICH AUCH MISCHEN. NICHT GEEIGNET SIND ALLERDINGS ROTE UND GELBE LINSEN, SIE VERKOCHEN ZU SCHNELL.

1 Die Linsen in einem Sieb waschen, in einem großen Topf mit 2 l Wasser aufkochen und offen bei mittlerer Hitze 30–35 Min. gar köcheln lassen. Anschließend in ein Sieb abgießen und abtropfen lassen.

2 Inzwischen die Kräuter waschen, trocken tupfen, die Blätter bzw. Nadeln abzupfen und fein hacken. In einem Topf 1 l Wasser mit Brühe, Kräutern und Ahornsirup aufkochen und zugedeckt bei schwacher Hitze ca. 10 Min. köcheln lassen.

3 Die Zitronen heiß waschen, abtrocknen, die Schale fein abreiben und den Saft auspressen. Beides mit den Linsen in eine Schüssel geben und gut verrühren. Die Linsen gleichmäßig auf die Gläser verteilen.

4 Den Kräutersud nochmals gut durchrühren, dann kochend heiß jeweils so viel Sud über die Linsen gießen, dass sie vollständig bedeckt sind. Die Gläser sofort verschließen und mit einem Küchentuch bedeckt bei Raumtemperatur langsam abkühlen lassen. Die Deckelmitte darf sich nach dem Abkühlen nicht mehr nach unten drücken lassen. Die Linsen kühl, trocken und dunkel lagern, sie halten sich so 8–9 Monate.

FÜR SCHNELLEN LINSENSALAT

MEIN EXTRATIPP

Daraus wird dann beispielsweise ein schneller Linsensalat (siehe S. 150). Dieses Rezept dient mir oft zur »Resteverwertung«, denn ich sammle eine Zeit lang alle getrockneten Linsen aus angebrochenen Packungen in einem Glas. Wenn das Glas voll ist, lege ich die Linsen wie beschrieben ein.

500 g getr. Linsen (Puy-, Chateau-, Berg- oder Alblinsen)
3 Zweige Rosmarin
1 Bund Zitronenthymian
4 leicht geh. TL gekörnte Gemüsebrühe (siehe S. 68)
4 EL Ahornsirup*
2 Bio-Zitronen

AUSSERDEM

4 Twist-off-Gläser (à ca. 500 ml Inhalt, sterilisiert)

FÜR 8 PORTIONEN À 125 G

Zubereitungszeit: 1 Std.
Pro Portion ca. 200 kcal, 15 g EW, 1 g F, 31 g KH

KÜRBIS MIT SÜSSKARTOFFELN

IN ZWEIERLEI WÜRZUNGEN

FÜR SUPPEN UND MEHR

600 g Hokkaido-Kürbis
600 g Süßkartoffeln
1 mittelgroße Peperonischote
1 Zwiebel
8 leicht geh. TL gekörnte Gemüsebrühe (siehe S. 68)
1 geh. TL Kurkumapaste (siehe S. 60, ersatzweise 1 geh. TL Kurkumapulver)
3 Msp. gemahlener Kreuzkümmel
1 TL getr. Estragon
2 Lorbeerblätter

AUSSERDEM

6 Twist-off-Gläser (à ca. 500 ml Inhalt, sterilisiert)

FÜR 12 PORTIONEN À 250 ML

Zubereitungszeit: 30 Min.
Einkochzeit: 1 Std. 30 Min.
Ziehzeit: 30 Min.
Pro Portion ca. 60 kcal, 1 g EW, 1 g F, 12 g KH

1 Den Kürbis waschen, vierteln und Kerne und Fasern herauskratzen. Den Kürbis samt Schale in 1 cm große Würfel schneiden. Die Süßkartoffeln schälen und ebenfalls in 1 cm große Würfel schneiden. Die Peperoni längs halbieren, entkernen, waschen und in dünne Ringe oder Streifen schneiden. Die Zwiebel schälen und in feine Scheiben schneiden.

2 Den Backofen auf 120° vorheizen. In 2 Töpfen jeweils 1 l Wasser mit 4 leicht geh. TL Brühe aufkochen, einen Topf mit Kurkumapaste und Kreuzkümmel, den anderen mit Estragon würzen.

3 Die Gläser mit kochend heißem Wasser ausspülen. Gemüsewürfel, Peperoni und Zwiebel auf die Gläser verteilen. Die Lorbeerblätter in 6 gleich große Stücke brechen und in die Gläser geben. 3 Gläser mit heißem Kurkumasud, die anderen 3 Gläser mit heißem Estragonsud aufgießen, die Glasränder sorgfältig reinigen und die Gläser sofort verschließen.

4 Die Gläser in eine ofenfeste Form (ca. 20 x 30 cm) stellen, so dass sie sich nicht berühren. Ca. 3 cm hoch heißes Wasser angießen und das Gemüse im Ofen (2. Schiene von unten) ca. 1 Std. 30 Min. einkochen. Danach im ausgeschalteten Backofen noch ca. 30 Min. ziehen lassen.

5 Dann die Gläser herausnehmen und mit einem Küchentuch bedeckt bei Raumtemperatur langsam abkühlen lassen. Die Deckelmitte darf sich nach dem Abkühlen nicht mehr nach unten drücken lassen. Die Gläser kühl, dunkel und trocken lagern und innerhalb von 4 Monaten verbrauchen.

MEIN GENUSSTIPP

Daraus mache ich zum Beispiel eine schnelle Süßkartoffel-Kürbis-Suppe: Dazu für 2 Portionen den Kürbis-Süßkartoffel-Mix mit Kurkuma aus 2 Gläsern (Lorbeer wieder entfernen) und die Brühe aus 1 Glas in einen Standmixer geben. 400 g Kokosmilch (aus der Dose) aufkochen, in den Mixer dazugießen und alles fein pürieren. Sofort servieren, falls nötig, vorher noch kurz erhitzen. Die restliche Brühe am besten einfrieren. Aus dem Kürbis-Süßkartoffel-Mix mit Estragon bereite ich auf die gleiche Weise eine Suppe mit Pflanzensahne zu, die ich wie die Kokosmilch erhitze.

ABWECHSLUNG IST TRUMPF! WENN ICH EINKOCHE, VARIIERE ICH BEIM WÜRZEN UND KANN SPÄTER NACH LUST UND LAUNE ENTSCHEIDEN, NACH WELCHEM AROMA MIR GERADE IST.

GRÜNES GEMÜSE

IM GLAS

DIE SPARGELSAISON IST MIR IMMER ZU KURZ. DARUM KONSERVIERE ICH DIE STANGEN - MIT WEITEREN ZARTEN GEMÜSESORTEN - ALS SALAT ODER SCHNELLE BEILAGE.

1 kg grüner Spargel
200 g Brokkolistrünke (von 2 mittelgroßen Brokkoli)
200 g grüne Bohnen (ersatzweise Zuckerschoten)
200 g Erbsen | Salz

AUSSERDEM

3 Handvoll Eiswürfel
2 Twist-off-Gläser (à 1 l Inhalt, sterilisiert)

FÜR 8 PORTIONEN À 200 G

Zubereitungszeit: 20 Min.
Einkochzeit: 1 Std.
Ziehzeit: 30 Min.
Pro Portion ca. 55 kcal, 5 g EW, 0 g F, 7 g KH

1 Den Spargel waschen, im unteren Drittel schälen und die holzigen Enden entfernen. Die Spargelstangen schräg in ca. 5 cm lange Stücke schneiden. Die Brokkolistrünke schälen und in 1 cm dicke Scheiben schneiden. Bohnen putzen und waschen. Erbsen in einem Sieb waschen und abtropfen lassen.

2 In einem Topf 2 l Wasser aufkochen. 1 geh. TL Salz dazugeben und das gesamte Gemüse darin ca. 3 Min. sprudelnd kochen. Eine große Schüssel mit Wasser bereitstellen und die Eiswürfel hinzufügen. Das Gemüse mit einem Schaumlöffel aus dem Topf heben, im Eiswasser abschrecken und gut abtropfen lassen.

3 Den Backofen auf 100° vorheizen. Die Gläser mit kochend heißem Wasser ausspülen und das Gemüse fest in die Gläser schichten, sodass keine größeren Freiräume übrig bleiben. Mit dem heißen Salzwasser bis ca. 1 cm unter den Glasrand auffüllen, sodass das Gemüse vollständig bedeckt ist.

4 Die Glasränder sorgfältig reinigen. Die Gläser sofort verschließen und in eine ofenfeste Form (ca. 20 x 30 cm) stellen, sodass sie sich nicht berühren. 2 1/2 cm hoch heißes Wasser angießen und das Gemüse im Ofen (unten) ca. 1 Std. einkochen. Danach im ausgeschalteten Backofen noch ca. 30 Min. ziehen lassen.

5 Anschließend die Gläser herausnehmen und mit einem Küchentuch bedeckt bei Raumtemperatur langsam abkühlen lassen. Die Deckelmitte darf sich nach dem Abkühlen nicht mehr nach unten drücken lassen. Das grüne Gemüse im Glas hält sich kühl, trocken und dunkel gelagert 6–8 Monate.

ROTE-BETE-SALAT

----- MIT ESTRAGON -----

DER OFT STÖRENDE »ERDIGE« GESCHMACK VON ROTER BETE KOMMT HIER ERST GAR NICHT ZUM VORSCHEIN. DIESER SALAT ÜBERZEUGT SOGAR ABSOLUTE BETE-GEGNER.

EINFACH HEISS EINGEFÜLLT

1 Die Rote-Bete-Knollen unter fließendem Wasser gründlich abbürsten. Anschließend den Wurzelansatz entfernen und die Knollen mit einer Gemüsereibe in ca. 1 mm dicke Scheiben schneiden (alternativ grob raspeln, dabei am besten Einmalhandschuhe tragen). Die Gläser mit kochend heißem Wasser ausspülen und die Rote-Bete-Scheiben hineinschichten.

2 In einem Topf 650 ml Wasser mit den übrigen Zutaten aufkochen und zugedeckt bei schwacher Hitze ca. 10 Min köcheln lassen. Den Sud kochend heiß über die Beten gießen, dabei den Pfeffer und den Estragon mit einem feinen Sieb auffangen und entfernen. Die Glasränder sorgfältig reinigen. Die Gläser sofort verschließen und mit einem Küchentuch bedeckt bei Raumtemperatur langsam abkühlen lassen. Die Deckelmitte darf sich nach dem Abkühlen nicht mehr nach unten drücken lassen. Der Rote-Bete-Salat im Glas hält sich kühl, trocken und dunkel gelagert max. 9 Monate.

3 Nach dem Anbruch die Rote-Bete-Scheiben stets mit sauberem Besteck entnehmen und – falls nötig – mit wenig Essigwasser (ca. 1 EL Essig auf 150 ml Wasser) aufgießen, damit die Scheiben bedeckt sind. Angebrochene Gläser im Kühlschrank lagern und innerhalb von 2 Wochen verbrauchen.

MEINE EXTRATIPPS

Natürlich eignet sich nicht nur Estragon zum Einlegen der Roten Bete – das Wurzelgemüse versteht sich mit fast allen Kräutern gut. Allerdings sind Rosmarin, Zitronenthymian und Oregano am besten geeignet, weil sie dem erdigen Aroma der Roten Bete ihr frisches Aroma entgegensetzen.
Falls Sie verschiedenfarbige Betesorten bekommen, legen Sie sie am besten getrennt ein – das ergibt das schönste Farbenspiel, nicht nur auf dem Teller, sondern auch in den Gläsern als essbare Küchendeko.

800 g Rote Bete (rot, pink oder gelb, siehe Tipp)
5 EL Weißweinessig
2 1/2 EL Ahornsirup* | 1 1/2 TL Salz
1 TL getr. Estragon (ersatzweise 4 Stiele Estragon)
1 TL Pfefferkörner | 1 Prise Zimtpulver

AUSSERDEM

ggf. Einmalhandschuhe für die Rote Bete
2 Twist-off-Gläser (à ca. 1 l Inhalt, sterilisiert)

FÜR 8 PORTIONEN À 100 G

Zubereitungszeit: 30 Min.
Pro Portion ca. 45 kcal, 1 g EW, 0 g F, 10 g KH

FÜR CHILIS, EINTÖPFE UND ALS BEILAGE

CHILIBOHNEN

MIT TOMATEN HEISS EINGEFÜLLT

500 g getr. weiße Bohnen (ersatzweise Pinto-, schwarze oder Kidney-Bohnen)
3 Msp. Natron (nach Belieben, siehe Tipp)
2 kleine Chilischoten (oder mehr, nach Belieben)
2 EL neutrales Pflanzenöl zum Braten
100 g Tomatenmark
3 geh. TL BBQ-Würzpaste (siehe S. 132, ersatzweise 2 TL BBQ-Gewürzmischung + 2 TL neutrales Pflanzenöl)
4 EL Shoyu-Sauce* (ersatzweise Tamari- oder dunkle Sojasauce*)
2 TL getr. Bohnenkraut
1 EL Agavendicksaft* (ersatzweise Ahornsirup*)
Rauchsalz* zum Abschmecken (ersatzweise Salz)

AUSSERDEM

5 Twist-off-Gläser (à ca. 500 ml Inhalt, sterilisiert)

FÜR 20 PORTIONEN À 125 G

Zubereitungszeit: 35 Min.
Einweichzeit: 12 Std. oder über Nacht
Garzeit: 1 Std.
Pro Portion ca. 40 kcal, 2 g EW, 1 g F, 5 g KH

1 Am Vortag die weißen Bohnen mit der dreifachen Menge Wasser bedecken und zugedeckt ca. 12 Std. oder über Nacht einweichen.

2 Am nächsten Tag die Bohnen abgießen, in einen großen Topf geben und mit 2 l frischem Wasser aufgießen. Das Natron nach Belieben hinzufügen. Die Bohnen aufkochen und offen bei mittlerer Hitze in 50–60 Min. (oder nach Packungsanweisung) bissfest garen. Danach in ein Sieb abgießen, dabei das Kochwasser auffangen und ggf. mit Wasser auf 750 ml auffüllen.

3 Inzwischen die Chilischoten längs halbieren, nach Belieben entkernen, waschen und sehr fein hacken. Das Öl in einem großen Topf erhitzen und das Tomatenmark darin bei starker Hitze unter Rühren in 2–3 Min. rostbraun anrösten. Sobald sich die grellrote Farbe in Rostbraun verwandelt hat, Chili und BBQ-Würzpaste hinzufügen und unter Rühren ca. 30 Sek. andünsten.

4 Alles mit 750 ml Bohnenkochwasser ablöschen und Shoyu-Sauce, Bohnenkraut und Agavendicksaft dazugeben. Die Bohnen unterrühren und zugedeckt bei mittlerer Hitze ca. 10 Min. köcheln lassen. Zum Schluss mit Rauchsalz abschmecken.

5 Die Gläser mit kochend heißem Wasser ausspülen und die heißen Chilibohnen bis ca. 1 1/2 cm unter den Rand einfüllen. Die Glasränder sorgfältig reinigen. Die Gläser sofort verschließen und mit einem Küchentuch bedeckt bei Raumtemperatur langsam abkühlen lassen. Die Deckelmitte darf sich nach dem Abkühlen nicht mehr nach unten drücken lassen. Die Bohnen halten sich kühl, dunkel und trocken gelagert bis zu 12 Monate.

MEIN PRAXISTIPP

Natron gebe ich beim Kochen von größeren getrockneten Hülsenfrüchten (wie Bohnen und Kichererbsen) ins Kochwasser, um die Garzeit zu verkürzen. Das spart in der Regel 10–15 Min. Kochzeit. Generell wichtig ist beim Kochen von Hülsenfrüchten, mit der Zugabe von Salz oder salzhaltiger Brühe bis nach dem Kochen zu warten. Bohnen, Linsen und (Kicher-)Erbsen werden andernfalls nicht ganz weich.

DIY-GEMÜSECHIPS

AUS ROTER BETE UND SÜSSKARTOFFELN

TOLLE KNABBER-MISCHUNG

FÜR DIE ROTE-BETE-CHIPS
1 kleine Rote Bete (150 g)
2 TL neutrales Pflanzenöl
1 TL getr. Oregano
3 TL Aceto balsamico
1 TL Agavendicksaft*

FÜR DIE SÜSSKARTOFFELCHIPS
1 kleine Süßkartoffel (200 g)
2 TL neutrales Pflanzenöl
1 TL getr. Rosmarin

AUSSERDEM
ggf. Einmalhandschuhe für die Rote Bete
Backpapier
1 Twist-off-Glas (ca. 1 l Inhalt, sterilisiert)

FÜR 2 PORTIONEN À 30 G
Zubereitungszeit: 40 Min.
Backzeit: 35 Min.
Pro Portion ca. 260 kcal, 2 g EW, 16 g F, 28 g KH

1 2 Backbleche mit Backpapier auslegen. Für beide Chipssorten die Rote Bete und Süßkartoffel unter fließendem Wasser mit einer Gemüsebürste gründlich abbürsten. Den Wurzelansatz der Roten Bete entfernen, die Süßkartoffel nach Belieben schälen.

2 Das Gemüse getrennt auf der Gemüsereibe in ca. 1 mm dünne Scheiben hobeln (dabei für die Rote Bete am besten Einmalhandschuhe tragen). Die übrigen Gewürze für die Rote-Bete- und Süßkartoffelchips jeweils dazugeben und mit den Händen vorsichtig einarbeiten.

3 Die beiden Chipssorten auf jeweils 1 Backblech verteilen, sodass sich die Scheiben möglichst nicht überlappen, und im Ofen bei 150° (Umluft empfohlen, Mitte und unten) 25–35 Min. backen (Süßkartoffeln 25–30 Min., Rote-Bete-Chips 30–35 Min.). Sie sind fertig, sobald sich die Ränder nach oben wölben. Während der Backzeit einmal die Ofentür kurz öffnen, damit die Feuchtigkeit entweichen kann.

4 Die fertigen Chips aus dem Ofen nehmen und abkühlen lassen. Danach im Glas oder in einer Plastikdose aufbewahren. Die Chips halten sich 4–6 Wochen.

MEIN TAUSCHTIPP

Sie können auch Möhren, Pastinaken und sogar Grünkohl und Wirsing zu Chips verarbeiten. Dafür von 400 g Grünkohl- oder Wirsingblättern die harten Blattteile entfernen und die Blätter nicht zu klein zupfen. 5 EL Öl mit 1/2 TL Salz und 3 EL Hefeflocken glatt rühren und die Marinade mit den Händen in die Blätter einarbeiten. Im Backofen bei 120° ca. 45 Min. trocknen, dabei ab und zu die Backofentür kurz öffnen.

Azura

FAST-FERTIG-IDEEN

TEIGE, PATTYS, SAUCEN & CO.

HAUSGEMACHTE BOLOGNESE MIT VIEL GEMÜSE, PIKANTE CHILIBOHNEN MIT WUNSCHSCHÄRFEGRAD UND PIZZATEIG AUS VOLLKORNMEHL – DIE GIBT ES NIRGENDS ZU KAUFEN. EINMAL GEMACHT, WARTET DAS DIY-FASTFOOD NUR NOCH AUF SEINEN EINSATZ.

NUDELTEIG

----- MIT HARTWEIZENGRIESS -----

PASTA-GRUNDREZEPT

600 g Hartweizengrieß
60 g Weizenmehl (Type 405)
1 leicht geh. TL Salz
4 EL natives Olivenöl
1 Msp. Kurkumapaste (S. 60, ersatzweise Kurkumapulver, für die Farbe, nach Belieben)

✦

AUSSERDEM

1 Nudelmaschine mit Walzeneinsatz (ersatzweise Nudelholz)
Mehl zum Arbeiten

✦

FÜR 10 PORTIONEN À CA. 100 G BZW. 2 LASAGNE-PLATTEN ODER 6 RAVIOLI

Zubereitungszeit: 1 Std.
Kühlzeit: 1 Std.
Pro Portion ca. 255 kcal, 7 g EW, 5 g F, 46 g KH

1 Hartweizengrieß, Mehl und Salz in einer Schüssel gut mischen. 350 ml Wasser, das Öl und nach Belieben die Kurkumapaste dazugeben und alles mit den Knethaken des Handrührgeräts oder den Händen zu einem glatten Teig verkneten. Den Teig zu einer Kugel formen und zugedeckt ca. 1 Std. kühl stellen.

2 Danach den Teig ca. 10 Min. Raumtemperatur annehmen lassen und auf der leicht bemehlten Arbeitsfläche zu einer 30 cm langen Rolle formen. Die Rolle in 20 gleich große Stücke schneiden. Jedes Teigstück mit der Nudelmaschine oder dem Nudelholz ca. 2 mm dick zu einem ca. 9 x 15 cm großen Rechteck ausrollen.

3 Die einzelnen Platten nach Belieben zu Bandnudeln weiterverarbeiten: Dafür jede Platte mit einem Messer oder dem Schneideinsatz der Nudelmaschine in ca. 1 cm breite Streifen schneiden.

4 Die Nudeln können getrocknet oder portionsweise eingefroren werden. Zum Trocknen einen Wäscheständer mit sauberen Küchentüchern auslegen und die Nudeln locker darauflegen. 2-3 Tage bei Raumtemperatur trocknen, anschließend in einem Leinenbeutel oder einer Papiertüte aufbewahren. Nicht luftdicht verschließen, da sie sonst Feuchtigkeit ziehen und schimmeln können. Für Lasagneplatten auf Vorrat die Nudelplatten zuerst einzeln auf einem Blech einfrieren und anschließend in einen Gefrierbeutel umpacken.

EGAL, OB GETROCKNET ODER TIEFGEFROREN – DIE SELBST GEMACHTEN NUDELN MÜSSEN SIE NUR NOCH IN REICHLICH SALZWASSER BISSFEST GAREN. FÜR EINE LASAGNE AUFTAUEN UND OHNE VORGAREN EINSCHICHTEN.

RAVIOLI

MIT MANGOLD-PILZ-FÜLLUNG

PERFEKT ZUM EINFRIEREN!

FÜR DIE MANGOLD-PILZ-FÜLLUNG

Salz
150 g Mangold (ersatzweise Blattspinat, siehe Tipp)
1 kleine Zwiebel
2 Knoblauchzehen
150 g braune Champignons (ersatzweise Stein-, Shiitake-Pilze oder Kräuterseitlinge)
2 TL neutrales Pflanzenöl zum Braten
1/2 TL gemahlener Koriander
1 Msp. frisch geriebene Muskatnuss
130 g gereifte Nusslaibchen (siehe S. 72, ersatzweise 90 g eingeweichte Cashewkerne)

AUSSERDEM

10 Lasagneplatten, aufgetaut, bzw. 500 g frisch zubereiteter Nudelteig (siehe S. 98)
Mehl zum Arbeiten

FÜR 40 STÜCK

Zubereitungszeit: 40 Min.
Pro Stück ca. 50 kcal, 1 g EW, 2 g F, 7 g KH

1 Für die Füllung in einem Topf 2 l Wasser aufkochen und mit 2 leicht geh. TL Salz würzen. Den Mangold putzen, waschen und verlesen. Die Stiele entfernen und beiseitelegen. Die Blätter im kochenden Salzwasser ca. 30 Sek. blanchieren. Dann in ein Sieb abgießen, kalt abschrecken, gut ausdrücken und fein hacken.

2 Zwiebel und Knoblauch schälen und fein würfeln. Die Pilze putzen, bei Bedarf abreiben und fein hacken. Die Mangoldstiele fein hacken. Die Pilze in einer Pfanne im Öl rundum ca. 1 Min. anbraten. Zwiebelwürfel und Mangoldstiele dazugeben und glasig andünsten.

3 Knoblauch und gehackte Mangoldblätter hinzufügen und unter Rühren ca. 30 Sek. anbraten. Die Pfanne vom Herd ziehen und die Füllung mit Salz, Koriander und Muskatnuss würzen.

4 Die Nusslaibchen mit einer Gabel zerdrücken und ggf. mit 1–2 EL Wasser glatt rühren. (Alternativ die Cashewkerne mit ca. 40 ml Wasser zu einer glatten Masse pürieren und etwas salzen.)

5 Die aufgetauten Nudelplatten auf der leicht bemehlten Arbeitsplatte vorsichtig auf ca. 20 x 13 cm auseinanderziehen. Auf jede Nudelplatte nebeneinander in ausreichendem Abstand zum oberen Rand zuerst 4 x 1/2 TL Nussmasse, dann darauf 4 x 1 TL Mangold-Pilz-Füllung geben. Die Nudelplatten nach oben umklappen, die Ränder und die Räume zwischen der Füllung gut andrücken.

6 Jede Teigplatte mit einem Teigrad oder Messer in 4 Ravioli schneiden, dabei die Ränder nochmals vorsichtig andrücken. Die Ravioli nebeneinander auf ein Blech setzen und einfrieren. Dann in Plastixboxen oder Gefrierbeutel umpacken. Sie sind so ca. 2 Monate haltbar. Vor dem Zubereiten im Kühlschrank antauen lassen oder noch gefroren 6–7 Min. garen.

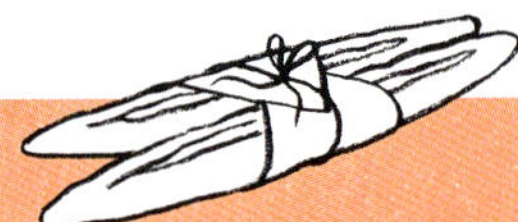

MEINE PRAXIS- UND TAUSCHTIPPS

Sie können die Ravioli nach Belieben sofort garen: Dafür reichlich Salzwasser aufkochen, die Hitze reduzieren und die Ravioli im nicht mehr kochenden Wasser 2-3 Min. ziehen lassen. Mit einem Schaumlöffel herausheben und sofort servieren. (Alternativ die Ravioli in einer Pfanne in wenig Öl braten.)
Je nach Saison eignen sich auch andere Füllungen: Probieren Sie doch mal eine Mischung aus 250 g Butternusskürbis und 50 g Apfel oder verwenden Sie im Winter Grünkohl oder Radicchio anstelle des Mangolds.

HEFETEIGBODEN

FÜR FLAMMKUCHEN UND PIZZA

ZUM EINFRIEREN

400 g Weizenvollkornmehl
(ersatzweise Dinkelvollkornmehl)
200 g Weizenmehl (Typ 405, ersatzweise
Dinkelmehl Type 630)
1/2 Würfel Hefe (21 g, ersatzweise 15 g Trockenhefe)
1 EL Ahornsirup* (ersatzweise Agavendicksaft*)
2 TL Salz
3 EL natives Olivenöl

AUSSERDEM

Mehl zum Arbeiten
Backpapier
Frischhaltefolie

FÜR 4 BÖDEN

Zubereitungszeit: 30 Min.
Gehzeit: 10 Min.
Pro Boden ca. 550 kcal, 18 g EW, 10 g F, 98 g KH

1 Beide Mehlsorten in eine Schüssel geben, eine Mulde in die Mitte drücken und die Hefe in die Vertiefung bröseln. Den Ahornsirup über die Hefe geben, das Salz auf den Mehlrand streuen und 400 ml lauwarmes Wasser in die Mulde gießen. Alles zugedeckt 5–10 Min. gehen lassen (bei Verwendung von Trockenhefe alle Zutaten direkt mischen und verkneten).

2 Sobald der Hefeansatz Blasen wirft, das Öl dazugeben und mit dem langen Stiel eines Kochlöffels oder den Knethaken des Handrührgeräts grob untermengen. Anschließend den Teig auf der leicht bemehlten Arbeitsfläche mit den Händen noch 5–10 Min. kneten, bis er schön glatt ist.

3 Den Teig in 4 gleich große Portionen teilen. Jede Portion zu einer Kugel formen und mit dem Nudelholz ausrollen (für Flammkuchenböden rechteckig auf 20 x 30 cm Größe, für Pizzaböden rund auf 30 cm Ø).

4 Jeden Boden auf 1 Bogen Backpapier legen und mit dem Backpapier vorsichtig aufrollen. Danach die Rollen mit Frischhaltefolie umwickeln und einzeln einfrieren. Der Teig hält sich so gelagert ca. 3 Monate.

5 Zum Fertigbacken den Boden aus dem Gefriergerät nehmen und im Kühlschrank ca. 12 Std., bei Raumtemperatur ca. 5 Std. auftauen lassen. Erst dann aus der Folie wickeln und flach ausbreiten, auf einen ausreichend großen Teller setzen und zugedeckt an einem warmen Ort noch ca. 10 Min. gehen lassen. Den Boden nach Wunsch belegen und im auf 220° vorgeheizten Backofen (Mitte) in 10–13 Min. (je nach Belag) fertig backen.

UND WAS KANN MAN SCHÖNES DRAUS MACHEN? Z. B. PIZZATASCHEN (S. 162) ODER APFELTARTE (S. 178). DER TEIG PASST ZU SÜSSEM UND PIKANTEM GEBÄCK!

INDISCHES NAAN-BROT

----- ZUM EINFRIEREN -----

FÜR DIE BOLLYWOOD-KÜCHE

600 g Weizenmehl (Type 405)
1 1/2 TL Salz
2 TL Ahornsirup* (ersatzweise Agavendicksaft* oder Vollrohrzucker)
3 TL Trockenhefe (7 g)
6 EL neutrales Pflanzenöl
100 g Sojajoghurt (ungesüßt)
2 EL Schwarzkümmelsamen (Bioladen, türkischer Supermarkt)

✦

AUSSERDEM

Mehl zum Arbeiten
Backpapier

✦

FÜR 8 STÜCK

Zubereitungszeit: 40 Min.
Gehzeit: 1 Std.
Backzeit: 2 x 7 Min.
Pro Stück ca. 330 kcal, 9 g EW, 9 g F, 54 g KH

1 Mehl, Salz, Sirup und Hefe in einer Schüssel mischen. Öl, Joghurt und 250 ml lauwarmes Wasser dazugeben und mit einem Holzlöffelstiel so lange unterrühren, bis die Flüssigkeit vollständig ins Mehl eingearbeitet ist.

2 Den Teig auf die leicht bemehlte Arbeitsfläche stürzen und mit den Händen noch ca. 5 Min. glatt kneten. Den Teig zugedeckt an einem warmen Ort in ca. 1 Std. auf die doppelte Größe aufgehen lassen.

3 Den Backofen auf die höchstmögliche Stufe (ca. 250°) vorheizen. Ein Backblech mit Backpapier auslegen. Den Naan-Teig auf der leicht bemehlten Arbeitsfläche zu 2 ca. 25 cm langen Rollen auseinanderziehen, dabei möglichst nicht mehr kneten. Die Rollen jeweils in 4 gleich große Stücke schneiden. Jedes Teigstück mit etwas Schwarzkümmel bestreuen und mit dem Nudelholz ca. 5 mm dick zu einem Oval ausrollen.

4 4 Teigfladen auf das Blech, die übrigen Fladen auf Backpapier auf die Arbeitsfläche legen. Die Fladen auf dem Blech im Ofen (Mitte) 5–7 Min. backen, bis die Ränder des Brotes goldbraun sind (wenn möglich, zusätzlich die Grillstufe einschalten). Die fertigen Brote samt Backpapier vom Blech ziehen und zum Abkühlen in ein sauberes Küchentuch einschlagen. Danach die restlichen Brote wie beschrieben backen.

5 Die Brote portionsweise in Gefrierbeutel verpacken und bis zu 3 Monaten einfrieren. Die Brote können nach dem Auftauen im vorgeheizten Backofen bei 160° (Mitte) in ca. 5 Min. aufgebacken werden. Alternativ auf den Brötchenhalter des Toasters legen und auf höchster Stufe toasten, dabei zwischendurch einmal wenden.

ZUM SELBST VERMEHREN!

SAUERTEIG

SELBST ANSETZEN

400 g Vollkornmehl oder Auszugsmehl (Weizen, Roggen oder Dinkel, siehe Tipp)

FÜR 4 PORTIONEN À 200 G

Zubereitungszeit: 15 Min.
Gärzeit: 72 Std. bzw. 3 Tage
Pro Portion ca. 300 kcal, 12 g EW, 2 g F, 60 g KH

1 Am 1. Tag 100 g Mehl in einer großen Schüssel mit 100 ml lauwarmem Wasser verrühren. Die Mischung zugedeckt an einem warmen Ort (25–30°) ca. 24 Std. stehen lassen. Am 2. Tag nochmals 100 g Mehl und 100 ml lauwarmes Wasser zum Teig geben, mit einem Löffel gut unterrühren und die Mischung zugedeckt an einem warmen Ort ca. 24 Std. stehen lassen.

2 Am 3. Tag das übrige Mehl mit 200 ml lauwarmem Wasser zum Ansatz geben, mit einem Löffel unterrühren und die Mischung zugedeckt an einem warmen Ort ca. 24 Std. stehen lassen. Danach, am 4. Tag, ist der Sauerteig fertig. Er sollte leicht nach Essig, aber nicht vergoren oder gekippt duften.

3 Der Sauerteig hält sich im Kühlschrank ca. 5 Tage, lässt sich aber auch portionsweise einfrieren. Dafür in 3 große Portionen (à ca. 200 g) und 2 kleine Portionen (à ca. 100 g) teilen. Für Brot, Brötchen und Baguette auf 500–600 g Mehl 200 g Sauerteig verwenden.

4 Die kleinen 100-g-Portionen dienen der weiteren Sauerteigvermehrung innerhalb von 24 Std.: Dafür 100 g Sauerteig auftauen und wieder Raumtemperatur annehmen lassen. Dann mit 350 g Mehl und 350 ml lauwarmem Wasser verrühren und zugedeckt an einem warmen Ort ca. 24 Std. stehen lassen. Das ergibt wieder 800 g Sauerteig, der erneut eingefroren, bis zu 5 Tage im Kühlschrank gelagert oder sofort weiterverarbeitet werden kann.

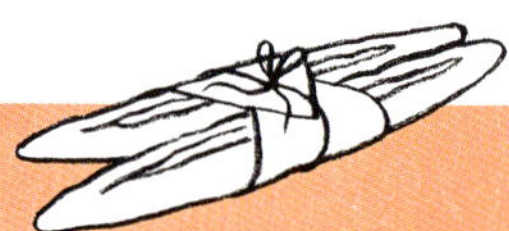

MEIN EXTRATIPP

Zum Trocknen den Sauerteig mit einer Teigkarte dünn auf einem mit Backpapier ausgelegten Backblech ausstreichen. Dann mehrere Tage an einem warmen Ort trocknen lassen. Die Flocken anschließend zerbröseln und in einem sauberen Twist-off-Glas kühl, dunkel und trocken lagern. 100 g Frischsauerteig ergeben ca. 35 g Trockensauerteig (3 leicht geh. EL). Zum Starten mit 70 ml lauwarmem Wasser verrühren und ca. 10 Min. gehen lassen. Danach wie beschrieben verarbeiten.

WEIZENBAGUETTES

MIT SAUERTEIG

KNUSPRIG UND FLUFFIG

400 g Weizenvollkornmehl
200 g Weizenmehl (Type 405)
6 g Hefe
1 EL Salz (15 g)
1 EL Vollrohrzucker (11 g)
200 g Sauerteig, aufgetaut,
(siehe S. 106, mit Weizenmehl Type 405)
1 EL Öl zum Bestreichen

AUSSERDEM

Mehl zum Arbeiten
Backpapier
1 ofenfeste, tiefe Form oder Pfanne (ca. 1 l Inhalt)

FÜR 12 PORTIONEN (3 BAGUETTES À 4 PORTIONEN)

Zubereitungszeit: 30 Min.
Gehzeit: 2 Std. 25 Min.
Backzeit: 30 Min.
Pro Portion ca. 220 kcal, 8 g EW, 2 g F, 43 g KH

1 Beide Mehlsorten in einer Schüssel vermischen, in die Mitte eine Vertiefung drücken und die Hefe in die Mulde bröseln. Das Salz auf den Mehlrand und den Zucker auf die Hefe streuen. 300 ml lauwarmes Wasser in die Mulde gießen, vermengen und alles 5–10 Min. gehen lassen, bis die Hefe Blasen wirft.

2 Dann die Flüssigkeit mit einer Gabel oder mit den Knethaken des Handrührgeräts unter das Mehl arbeiten, den zimmerwarmen Sauerteig dazugeben und einarbeiten, bis große Klumpen entstehen.

3 Den Inhalt der Schüssel auf die leicht bemehlte Arbeitsfläche stürzen und mit den Händen noch ca. 5 Min weiterkneten, bis die Teigoberfläche glatt ist. Den Teig zu einer Kugel formen und zugedeckt an einem warmen Ort in ca. 2 Std. zur doppelten Größe aufgehen lassen. Dabei den Teig nach ca. 1 Std. Gehzeit auseinanderziehen, mehrmals falten und dabei mehrmals auf die Arbeitsfläche schlagen, dann wieder in der Schüssel zudecken.

4 Danach ein Backblech mit Backpapier auslegen. Den Teig auf die leicht bemehlte Arbeitsfläche stürzen, mit den Händen auseinanderziehen und in 3 Portionen teilen. Aus jeder Teigportion eine 25–30 cm lange Teigrolle formen, dabei vorsichtig auseinanderziehen. Die Rollen auf das Blech legen und längs mit einem Messer ca. 5 mm tief einschneiden.

5 Dann 1 l kochendes Wasser in die ofenfeste Form gießen und die Form sofort auf den Boden des Ofens stellen. Das Blech mit den Baguettes ebenfalls in den Ofen (Mitte) schieben und die Teiglinge im geschlossenen Ofen 10–15 Min. gehen lassen.

6 Das Blech aus dem Ofen nehmen und den Ofen auf 240° vorheizen, die ofenfeste Form im Ofen belassen. Die Baguettes vorsichtig mit dem Öl bestreichen und im Ofen (Mitte) ca. 10 Min. backen. Dann die Backofentemperatur auf 200° reduzieren und die Baguettes in 15–20 Min. fertig backen. Sie sollten leicht gebräunt sein und bei Klopfen auf die Unterseite hohl klingen.

7 Die Baguettes aus dem Ofen nehmen, abkühlen lassen oder noch lauwarm einzeln einfrieren. Sie halten sich im Tiefkühlgerät ca. 3 Monate. Zum Fertigbacken ca. 3 Std. vorher aus dem Gefriergerät nehmen und Raumtemperatur antauen lassen, dann im auf 170° vorgeheizten Backofen (Mitte) in ca. 15 Min. aufbacken.

SAUERTEIG BRINGT HIER DEN GESCHMACKSKICK! ICH VERWENDE WENIG HEFE, WEIL DIE ZWAR DEN TEIG SCHÖN LOCKERT, ABER AUCH AROMA ENTZIEHT. MIT MEINEM REZEPT SCHMECKEN DIE BAGUETTES VIEL HERZHAFTER UND HALTEN SICH LÄNGER FRISCH.

NUSS-TOASTIES

ZUM EINFRIEREN

MIT MÖHREN UND ROTER BETE

100 g Haselnusskerne
100 g Sonnenblumenkerne
100 g Leinsamen
200 g Großblatt-Haferflocken
5 EL Flohsamenschalen* (40 g)
1 1/2 TL Salz
100 g Möhren
100 g Rote Bete
2 TL Ahornsirup* (ersatzweise Agavendicksaft*)
3 EL natives Olivenöl

AUSSERDEM

1 Kastenform mit 30 cm
ggf. Einmalhandschuhe für die Rote Bete
Backpapier

FÜR 15 STÜCK

Zubereitungszeit: 25 Min.
Quellzeit: 1 Std. 30 Min.
Backzeit: 1 Std. 10 Min.
Pro Stück ca. 180 kcal, 6 g EW, 12 g F, 10 g KH

1 Die Backform mit Backpapier auslegen. Nüsse, Kerne, Leinsamen, Haferflocken und Flohsamenschalen in einer Rührschüssel mit dem Salz mischen. Möhren und Rote Bete schälen und fein raspeln (dabei am besten Einmalhandschuhe tragen).

2 Ahornsirup, 650 ml warmes Wasser und das Öl zur Nuss-Flocken-Mischung geben und alles so lange gut verrühren, bis eine teigartige Masse entstanden ist. Zuletzt das geraspelte Gemüse unterheben. Den Teig in die Form füllen und die Oberfläche mit angefeuchteten Händen glatt streichen. Den Teig zugedeckt bei Raumtemperatur ca. 1 Std. 30 Min. quellen lassen.

3 Anschließend das Toasty-Brot im Ofen (Mitte) bei 160° (Umluft empfohlen) ca. 45 Min. backen. Das Brot aus dem Ofen nehmen, mit Hilfe des Backpapiers aus der Form heben und ohne Form auf dem Ofengitter in ca. 25 Min. fertig backen.

4 Das Brot herausnehmen, vollständig abkühlen lassen und in 15 dicke Scheiben schneiden. Die Scheiben portionsweise einfrieren und bei Bedarf angetaut im Toaster (auf höchster Stufe) oder im auf 200° vorgeheizten Ofen (Mitte) in 10–15 Min. aufbacken.

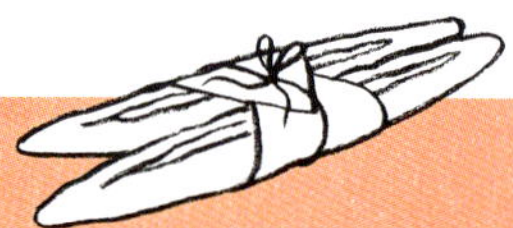

MEINE GENUSS- UND GESCHENKTIPPS

Die Toasties schmecken mit süßen und herzhaften Belägen immer, wenn der Snackhunger kommt oder einfach nur mit Nussmus oder Ahornsirup bestrichen zum Frühstück.
Die trockenen Zutaten können Sie auch in ein Glas (ca. 1 l Inhalt) füllen und so vorbereitet aufbewahren. Der Mix eignet sich wunderbar zum Verschenken, dann das Glas am besten noch mit einem Etikett versehen, auf dem weitere Zutaten sowie die Fertigstellung aufgeführt sind.

MIT DIESEN HERZHAFTEN SCHEIBEN HABEN SIE IMMER EINEN SNACK PARAT.

DIE TOASTIES EIGNEN SICH ALS FRÜHSTÜCK ODER EIWEISSREICHES ABENDBROT.

FÜR SCHNELLE KNÖDEL-GERICHTE

SEMMELKNÖDEL

MIT HASELNÜSSEN AUS DEM GLAS

400 g altbackenes Brot (z. B. Misch-, Weiß-, Vollkornbrot)
800 ml Pflanzendrink* (ungesüßt)
2 TL Salz
2 TL gekörnte Gemüsebrühe (siehe S. 68)
2 TL schwarzer Pfeffer aus der Mühle
2 Msp. frisch geriebene Muskatnuss
100 g Haselnusskerne
2 Zwiebeln
3 EL neutrales Pflanzenöl zum Braten
1 TL Pfeilwurzelstärke*

AUSSERDEM

2 Einkochgläser (à ca. 1 l Inhalt, sterilisiert, siehe Tipp)
2 Gummiringe und 4 Klammern zum Verschließen

FÜR 8 PORTIONEN À CA. 180 G

Zubereitungszeit: 30 Min.
Backzeit: 1 Std.
Pro Portion ca. 270 kcal, 8 g EW, 14 g F, 29 g KH

1 Das Brot in feine Würfel schneiden und in eine Schüssel geben. Den Pflanzendrink mit Salz, Brühe, Pfeffer und Muskatnuss aufkochen und heiß über das Brot gießen. Alles umrühren und beiseitestellen.

2 Die Nüsse in einer beschichteten Pfanne ohne Fett anrösten, bis sie duften. Herausnehmen und abkühlen lassen. Dann im Blitzhacker (oder mit einem Messer) sehr fein hacken und zum eingeweichten Brot geben.

3 Die Zwiebeln schälen, in feine Würfel schneiden und in einer Pfanne in 2 1/2 EL Öl bei mittlerer Hitze glasig andünsten. Zwiebeln, Öl und Pfeilwurzelstärke ebenfalls zum Brotgemisch geben und alles gut mischen. Die Masse sollte homogen und glatt sein.

4 Den Backofen auf 150° vorheizen. Die Gläser mit dem übrigen Öl bis 2 cm unter den Rand fetten und die Knödelmasse möglichst ohne Lufteinschlüsse auf die Gläser verteilen. Die Glasränder bis zur Knödelmasse mit einem sauberen Küchentuch gründlich reinigen, die Gläser verschließen und nebeneinander in eine ofenfeste Form (ca. 20 x 30 cm) stellen.

5 Ca. 3 cm hoch heißes Wasser dazugießen und die Knödel im Ofen (2. Schiene von unten) ca. 1 Std. backen. Die Gläser herausnehmen und mit einem Küchentuch bedeckt bei Raumtemperatur langsam abkühlen lassen. Die Knödel am besten innerhalb von 8 Wochen verbrauchen und kühl, trocken und dunkel lagern. Alternativ im Glas einfrieren – so halten sich die Knödel ca. 4 Monate.

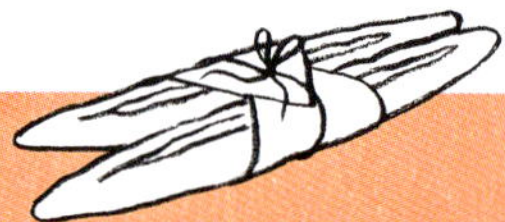

MEIN PRAXISTIPP

Am besten eignen sich Sturz-Einkochgläser für die Knödel, weil diese nach oben breiter werden. Im Twist-off-Glas geht es natürlich auch, allerdings haben die meisten Gläser in der nötigen Größe eine etwas engere Öffnung. Der Knödel wird sich also später nicht so einfach aus dem Glas stürzen lassen.
Ich verwende die Knödel als klassische Beilage zu herzhaften Gerichten. Am liebsten mag ich sie in einer Pfanne oder im Backofen in wenig Öl gebraten – schauen Sie mal auf S. 170.

HACKTOFU

SELBST GEMACHT

1 X VORBEREITEN, 5 X GENIESSEN!

2 kg Naturtofu*
1 Bund Oregano (ersatzweise 2 EL getr. Oregano)
1/2 Bund Thymian (ersatzweise 1 EL getr. Thymian)
1 1/2 TL gemahlener Kreuzkümmel
5 leicht geh. EL edelsüßes Paprikapulver
150 ml neutrales Pflanzenöl zum Braten
250 ml Shoyu-Sauce* (ersatzweise Tamari- oder dunkle Sojasauce*)
1 EL Ahornsirup*

AUSSERDEM

6 Gefrierbeutel (à ca. 1 l Inhalt)

FÜR 20 PORTIONEN À 115 G

Zubereitungszeit: 40 Min.
Pro Portion ca. 190 kcal, 12 g EW, 14 g F, 4 g KH

1 Den Tofu aus der Verpackung nehmen, in 4 Lagen Küchenpapier wickeln und die überschüssige Flüssigkeit auspressen. Der Tofu sollte so trocken wie möglich sein. Anschließend den Tofu mit den Händen zerbröseln und in eine große Schüssel füllen.

2 Die Kräuter waschen, trocken tupfen, die Blätter abzupfen und fein hacken. Die Gewürze und die gehackten Kräuter zum Tofu geben und alles gut mischen.

3 In einer Pfanne 3 EL Öl erhitzen und ein Viertel der Tofumasse darin ca. 5 Min. rundum scharf anbraten, dabei ab und zu umrühren. Den gebratenen Tofu aus der Pfanne nehmen und beiseitestellen, den restlichen Tofu in 3 weiteren Portionen im restlichen Öl braten.

4 Zum Schluss den gesamten Tofu in die Pfanne geben. Sojasauce und Ahornsirup dazugeben und die überschüssige Flüssigkeit unter Rühren einkochen lassen. Die Pfanne vom Herd ziehen.

5 Die Masse in 6 Portionen aufteilen, jede Portion in einen Gefrierbeutel füllen und etwas flach gedrückt (siehe Tipp) einfrieren. Vor der Verwendung am besten ca. 8 Std. oder über Nacht im Kühlschrank auftauen lassen. Der Hacktofu hält sich im Gefriergerät 9–12 Monate.

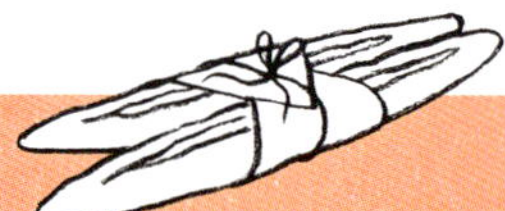

MEIN EXTRATIPP

Sie können zum Einfrieren anstelle der Beutel auch Twist-off-Gläser (à ca. 500 ml Inhalt) verwenden. Ich bevorzuge in diesem Fall jedoch Gefrierbeutel, sie haben den Vorteil, dass man sie sehr flach und platzsparend einfrieren kann. Ich drücke zusätzlich die Luft aus den Beuteln, während ich sie verschließe. Das schützt nicht nur den Inhalt besser vor Gefrierbrand, sondern spart auch eine ganze Menge Platz im Gefriergerät.

DER TOFU IST BEREITS GEWÜRZT UND KANN SO DIREKT IN PASTASAUCEN, LASAGNE, ALS RAVIOLIFÜLLUNG ODER IN AUFLÄUFEN VERARBEITET WERDEN. PERFEKT FÜR SCHNELLES SOULFOOD!

VORKOCHEN UND ZEIT SPAREN!

GEMÜSEBOLOGNESE

IM GLAS EINGEKOCHT

1,3 kg reife Tomaten (am besten Fleischtomaten oder kernarme Sorten)
4 Knoblauchzehen
1 kleines Bund Oregano (ersatzweise Majoran)
10 Zweige Rosmarin
5 Zweige Salbei (nach Belieben)
je 200 g Möhren, Pastinaken, Knollensellerie und Lauch
8 geh. EL Tomatenmark
8 EL Shoyu-Sauce* (ersatzweise Tamari- oder dunkle Sojasauce*)
6 EL Weißweinessig (ersatzweise naturtrüber Apfelessig*)
4 EL Ahornsirup* (ersatzweise Agavendicksaft*)
4 TL Salzgemüse (siehe S. 69, ersatzweise 2 TL Salz)
3/4 TL Cayennepfeffer (nach Belieben)

AUSSERDEM

2 Beutel Hacktofu, aufgetaut (ca. 760 g, siehe S. 114)
4 Twist-off-Gläser (à ca. 1 l Inhalt, sterilisiert)

FÜR 16 PORTIONEN À 250 G

Zubereitungszeit: 20 Min.
Garzeit: 45 Min.
Einkochzeit: 45 Min.
Ziehzeit: 30 Min.
Pro Portion ca. 130 kcal, 8 g EW, 6 g F, 10 g KH

1 Die Tomaten waschen und vierteln, dabei die Stielansätze entfernen. Den Knoblauch schälen und grob würfeln. Die Kräuter waschen, trocken tupfen, die Blätter bzw. Nadeln abzupfen und grob hacken. Möhren, Pastinaken und Sellerie schälen und auf der Gemüsereibe mittelfein raspeln. Den Lauch putzen, waschen und in feine Ringe schneiden.

2 Die Tomatenviertel mit Knoblauch und Kräutern in eine Küchenmaschine mit Messereinsatz geben und per Pulsfunktion hacken, bis eine stückige Masse entstanden ist (alternativ portionsweise im Blitzhacker verarbeiten).

3 Die Tomaten-Kräuter-Mischung mit Gemüse und übrigen Zutaten in einem Topf aufkochen, die Hitze reduzieren und alles mit fast geschlossenem Deckel bei schwacher Hitze ca. 45 Min. köcheln lassen. Dabei zwischendurch nicht mehr umrühren (siehe Tipp). Zum Schluss den Hacktofu dazugeben, die Bolognese nochmals mit Salz, Essig und Sirup abschmecken, alles gut umrühren und aufkochen.

4 Den Backofen auf 150° vorheizen. Die Gläser mit kochend heißem Wasser ausspülen, die heiße Bolognese bis ca. 1 cm unter den Rand einfüllen und die Glasränder sorgfältig reinigen. Die Gläser sofort verschließen und nebeneinander in eine ofenfeste Form (ca. 20 x 30 cm) stellen, sodass sie sich nicht berühren. 2 1/2 cm hoch heißes Wasser angießen und die Bolognese im Ofen (unten) ca. 45 Min. einkochen. Dann im ausgeschalteten Backofen noch ca. 30 Min. ziehen lassen.

5 Die Gläser herausnehmen und mit einem Küchentuch bedeckt bei Raumtemperatur langsam abkühlen lassen. Die Deckelmitte darf sich nach dem Abkühlen nicht mehr nach unten drücken lassen. Die Sauce hält sich kühl, trocken und dunkel gelagert 6–8 Monate.

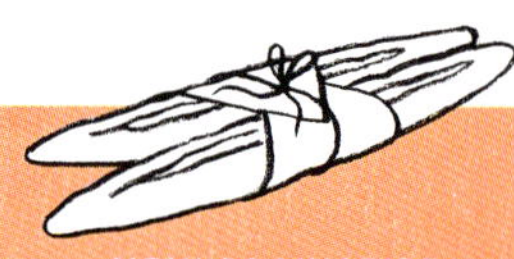

MEIN PRAXISTIPP

Tomatensauce spritzt übrigens beim Kochen nur dann, wenn man sie ständig umrührt. Ich rühre deshalb nur am Anfang und zum Ende hin, wenn ich die Sauce abschmecke. Dazwischen lasse ich sie in Ruhe … und die Küche bleibt sauber.

DAS GEHEIMNIS EINER GUTEN BOLOGNESE BESTEHT IN IHRER LANGEN GARZEIT, ERST DANN SCHMECKT SIE RICHTIG GUT. WEIL DAFÜR NICHT IMMER ZEIT IST, KOCHE ICH SIE AUF VORRAT – UND HABE SIE FÜR SCHNELLE PASTA, WÜRZIGE LASAGNE ODER AUFLÄUFE IMMER PARAT!

KRÄUTER-KARTOFFEL-RÖSTI

----- **ZUM EINFRIEREN** -----

HERRLICH WÜRZIG

5 kg mehligkochende Kartoffeln
1 Bund Oregano (ersatzweise Thymian)
je 2 Bund Petersilie und Schnittlauch
1 TL frisch geriebene Muskatnuss
8 TL Salz
5 EL neutrales Pflanzenöl

AUSSERDEM

neutrales Pflanzenöl zum Braten
4 Gefrierbeutel oder -boxen (à ca. 3 l Inhalt)

FÜR 16 STÜCK

Zubereitungszeit: 50 Min.
Pro Stück ca. 200 kcal, 5 g EW, 3 g F, 38 g KH

1 Die Kartoffeln schälen, waschen und fein reiben. 2 Siebe mit je 1 sauberen Küchentuch auslegen und jeweils die Hälfte der geriebenen Kartoffeln hineinfüllen. Die Küchentücher zur Mitte einschlagen und oben zusammendrehen. Die Kartoffeln im Küchentuch gut auspressen, bis die Masse relativ trocken ist.

2 Die Kräuter waschen, trocken tupfen, die Blätter abzupfen und Oregano und Petersilie fein hacken, den Schnittlauch in feine Röllchen schneiden. Die Kartoffelraspel in einer Schüssel mit Kräutern, Muskatnuss, Salz und Öl mischen.

3 In einer Pfanne 2 TL Öl erhitzen und jeweils 2 geh. EL Kartoffelmasse kreisrund zu einem Kreis von ca. 15 cm Ø ausstreichen. Die Rösti zugedeckt bei mittlerer Hitze ca. 3 Min. anbraten, vorsichtig wenden und auf der anderen Seite noch 3–4 Min. goldgelb braten. Fertige Rösti auf ein mit Küchenpapier ausgelegtes Blech setzen und abkühlen lassen. Auf diese Weise die gesamte Kartoffelmasse zu 16 Rösti verarbeiten, dabei zwischendurch immer wieder etwas Öl in die Pfanne geben.

4 Die Rösti auf dem Blech vollständig abkühlen lassen, je 4 Stück in einem Gefrierbeutel oder einer Plastikbox einfrieren. Die Rösti halten sich eingefroren bis zu 6 Monate.

5 Zum Servieren den Backofen auf 200° vorheizen, ein Backblech mit Backpapier auslegen und die Rösti daraufsetzen. Im Ofen (Mitte) 25–30 Min. backen, bis sie goldbraun und auch in der Mitte heiß sind. Zum Verarbeiten schauen Sie mal auf S. 164.

GRÜNKERN-LINSEN-PATTYS

----- ZUM EINFRIEREN -----

MIT VIEL MAJORAN

200 g gelbe oder rote Linsen
250 g Grünkernschrot
1 Bund Majoran (ersatzweise Oregano)
10 EL Großblatt-Haferflocken
2 EL Leinsamen
3 geh. EL gekörnte Gemüsebrühe (siehe S. 68)
2 geh. TL Salz
8 EL neutrales Pflanzenöl zum Braten
3/4 TL Cayennepfeffer

AUSSERDEM

4 Gefrierbeutel (à ca. 3 l Inhalt)
Backpapier

FÜR 16 STÜCK

Zubereitungszeit: 40 Min.
Backzeit: 45 Min.
Pro Stück ca. 170 kcal, 7 g EW, 7 g F, 20 g KH

1 Die Linsen waschen und mit Grünkernschrot in einen Topf geben, dann mit 800 ml Wasser bedecken. Alles aufkochen und zugedeckt bei mittlerer Hitze ca. 20 Min. köcheln lassen, bis das Wasser vollständig aufgenommen ist. Den Topf vom Herd ziehen und die Mischung etwas abkühlen lassen.

2 Inzwischen den Majoran waschen, trocken tupfen, die Blätter abzupfen und fein hacken. Den Majoran mit dem Grünkern-Linsen-Mix und den übrigen Zutaten gut mischen und ca. 10 Min. quellen lassen.

3 2 Backbleche mit Backpapier auslegen. Von der Masse jeweils 2 geh. EL abnehmen und mit leicht angefeuchteten Händen zu 16 Bratlingen (à ca. 8 cm Ø, 1 1/2 cm dick) formen. Die Bratlinge nebeneinander auf die Bleche setzen und im Ofen bei 200° (Umluft empfohlen) ca. 35 Min. (zum Einfrieren) bzw. 40–45 Min. (zum sofortigen Verzehr) backen.

4 Die Bratlinge sofort servieren oder portionsweise einfrieren. Dafür nach dem Backen abkühlen lassen und auf dem Blech einfrieren. Danach in Plastikboxen oder Gefrierbeutel umpacken und im Tiefkühlgerät aufbewahren. Zum Zubereiten die Bratlinge antauen lassen und kurz in der heißen Pfanne in Öl braten oder im auf 200° vorgeheizten Backofen (Mitte) ca. 15 Min. backen.

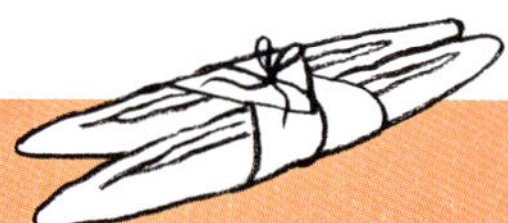

MEIN EXTRATIPP

Sie können Grünkernschrot, Linsen, Haferflocken, Leinsamen, Brühe, Salz und Cayennepfeffer auch in 1 großes Twist-off-Glas (ca. 1 l Inhalt) oder in 2 kleinere Gläser (à ca. 500 ml Inhalt) schichten und darin bis zu 6 Monate kühl, dunkel und trocken aufbewahren. Zum Zubereiten dann nur noch die frischen Kräuter und das Öl dazugeben und wie beschrieben zubereiten.

IM OFEN BACKEN, DANN EINFRIEREN UND NACH LUST UND LAUNE BRATEN.
DAS IST GESUNDES FASTFOOD OHNE SCHLECHTES GEWISSEN!

RISOTTO-MISCHUNG

MIT GETROCKNETEN PILZEN

SCHNELLER TROCKENMIX

FÜR DIE RISOTTO-MISCHUNG

2 Knoblauchzehen (siehe S. 132, nach Belieben)
25 g getr. Steinpilze
25 g getr. Tomaten
250 g Risotto-Vollkornreis
1 TL getr. Rosmarin
1 TL getr. Oregano
2 TL gelbe Senfsamen
6 TL gekörnte Gemüsebrühe (ca. 24 g, siehe S. 68)

ZUM FERTIGSTELLEN

1 1/2 EL natives Olivenöl
1 Bund Petersilie

AUSSERDEM

1 Twist-off-Glas (ca. 500 ml Inhalt, sterilisiert)

FÜR 4 PORTIONEN

Zubereitungszeit: 20 Min.
Trockenzeit (nach Belieben): 8 Std. oder über Nacht
Quellzeit: 50 Min.
Pro Portion ca. 285 kcal, 7 g EW, 6 g F, 51 g KH

1 Am Vortag für die Risotto-Mischung nach Belieben die Knoblauchzehen schälen, in dünne Scheiben schneiden und auf der Heizung oder in der Sonne ca. 8 Std. oder über Nacht trocknen lassen.

2 Am nächsten Tag die getrockneten Pilze in kleine Stücke brechen. Die getrockneten Tomaten in feine Streifen schneiden und mit den übrigen Zutaten in das Glas füllen. Die Mischung kühl, dunkel und trocken aufbewahren. Sie hält sich so mind. 6 Monate

3 Zum Zubereiten des Risottos das Öl in einem Topf bei mittlerer Hitze erhitzen und den Risotto-Mix darin unter Rühren ca. 1 Min. andünsten. 600 ml Wasser dazugießen, alles aufkochen und 2–3 Min. köcheln lassen. Nochmals umrühren, den Deckel auflegen und das Risotto bei schwacher Hitze ca. 50 Min. quellen lassen.

4 Zum Schluss nochmals umrühren, aufkochen und das Risotto unter Rühren bis zur gewünschten Cremigkeit einkochen lassen. Inzwischen die Petersilie waschen, trocken tupfen, die Blätter abzupfen und fein hacken. Zum Servieren die Petersilie unter das Risotto heben.

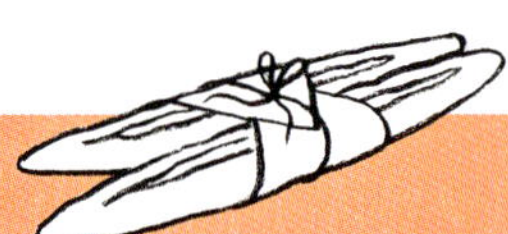

MEIN PRAXISTIPP

Sie essen oft nur zu zweit? Auch das ist kein Problem. Verteilen Sie die Zutaten für das Risotto nach dem Mischen einfach auf 2 Gläser (à ca. 350 ml Inhalt). Beim Kochen dann die angegebenen Mengen für Wasser, Öl und Petersilie halbieren - und schon ist das Mahl für zwei gekocht.

FALAFEL-MIX

AUS GELBEN ERBSEN

IDEAL FÜR SCHNELLE FALAFEL UND WÜRZIGE BRATLINGE. GELBE ERBSEN SCHMECKEN SCHÖN MILD UND EIGNEN SICH WUNDERBAR ALS BASIS FÜR DIE GEWÜRZE.

FÜR DEN FALAFEL-MIX
1 haselnussgroßes Stück Ingwer
(10 g, ersatzweise 1 EL Ingwerpulver)
300 g getr. gelbe Erbsen (ersatzweise grünes Erbsen- oder Kichererbsenmehl)
je 2 geh. TL getr. Oregano und Thymian
je 1 geh. TL getr. Bohnenkraut und gemahlener Koriander
3 TL Salz
2 geh. TL schwarzer Pfeffer aus der Mühle

ZUM FERTIGSTELLEN
1/2 Zitrone
1/2 Bund Petersilie
neutrales Pflanzenöl zum Frittieren

AUSSERDEM
1 Twist-off-Glas (ca. 500 ml Inhalt, sterilisiert)

FÜR 12 STÜCK
Zubereitungszeit: 20 Min.
Trockenzeit: 8 Std. oder über Nacht
Pro Stück ca. 70 kcal, 6 g EW, 0 g F, 10 g KH

1 Am Vortag für den Falafel-Mix den Ingwer schälen und reiben. Auf einem kleinen Teller ausstreichen und an einem warmen Ort (z. B. auf der Heizung oder in der Sonne) ca. 8 Std. oder über Nacht trocknen lassen.

2 Am nächsten Tag die Erbsen in einer Getreide- oder Kaffeemühle fein mahlen und in eine Schüssel geben (alternativ grünes Erbsen- oder Kichererbsenmehl verwenden). Ingwer, Kräuter, Gewürze, Salz und Pfeffer untermischen und alles in das Glas füllen. Trocken und kühl lagern, der Mix hält sich ca. 8 Monate.

3 Zum Fertigstellen den Mix in eine Rührschüssel füllen, mit 250 ml warmem Wasser aufgießen, umrühren und ca. 10 Min. quellen lassen. Danach esslöffelweise Wasser hinzufügen, falls die Mischung zu fest ist. Sie sollte sich gut formen lassen und feucht (aber nicht nass!) sein.

4 Die Zitrone auspressen. Die Petersilie waschen, trocken schütteln, die Blätter abzupfen und fein hacken. Zitronensaft und Petersilie unter die Masse heben. 3 Finger breit Öl zum Frittieren in einem weiten Topf so lange erhitzen, bis an einem hineingehaltenen Holzstäbchen Blasen aufsteigen. Je 1 geh. EL Falafel-Masse abstechen und mit angefeuchteten Händen 12 Kugeln (Ø ca. 4 cm) formen. Die Falafel im Fett in 1–2 Min. goldbraun frittieren, herausnehmen und auf Küchenpapier entfetten. (Alternativ 12 Bratlinge mit ca. 6 cm Ø formen und in einer Pfanne in wenig Öl bei mittlerer Hitze von jeder Seite 1–2 Min. goldbraun braten.)

KRAPFENMIX

AUS ROTEN LINSEN

DAS ROTE LINSENMEHL FINDEN SIE IM SUPERMARKT. ES HAT EINE WUNDERSCHÖNE FARBE, DARUM BRINGE ICH DEN MIX GERN ALS GASTGESCHENK MIT.

1 Am Vortag den Ingwer dünn schälen und fein reiben. Dann auf einem kleinen Teller ausstreichen und an einem warmen Ort (z. B. auf der Heizung oder in der Sonne) ca. 8 Std. oder über Nacht trocknen lassen.

2 Am nächsten Tag das Linsenmehl mit Ingwer, Gewürzen, Salz und Natron in einer Schüssel gut mischen und in das Glas füllen. Die Mischung trocken und kühl lagern, sie hält sich mindestens 8 Monate.

FÜR HERZHAFTE KRAPFEN

MEIN EXTRATIPP

Rote-Linsen-Mehl finden Sie in jedem gut sortierten Supermarkt. Es eignet sich auch zum Binden (z. B. von Gemüsebratlingen) und wird ebenso verwendet wie Kichererbsenmehl. Ich koche aus dem Mix am liebsten Linsen-Apfel-Krapfen mit süßsaurem Chinakohl (siehe S. 158).

1 haselnussgroßes Stück Ingwer (10 g, ersatzweise 1 EL Ingwerpulver)
300 g Rote-Linsen-Mehl (siehe Tipp)
2 TL gemahlener Kreuzkümmel
1/2 TL Macis (Muskatblüte, ersatzweise frisch geriebene Muskatnuss)
1 geh. TL Cayennepfeffer
2 geh. TL geräuchertes Paprikapulver
2 geh. TL Salz | 1 geh. TL Natron

AUSSERDEM

1 Twist-off-Glas (ca. 500 ml Inhalt, sterilisiert)

FÜR 4 PORTIONEN À 75 G

Zubereitungszeit: 15 Min.
Trockenzeit: 8 Std. oder über Nacht
Pro Portion ca. 255 kcal, 21 g EW, 1 g F, 36 g KH

LINSEN-DAL-MIX

MIT KOKOS

EINE GESUNDE MISCHUNG FÜR SCHNELLE DALS ODER CREMIGE SUPPEN - UND GANZ NEBENBEI IST SIE AUCH NOCH HÜBSCH ANZUSCHAUEN. SO LIEBE ICH FASTFOOD!

FÜR DEN LINSEN-MIX

500 g rote Linsen (ersatzweise gelbe Linsen)
50 g Kokosraspel
2 Lorbeerblätter
1 geh. TL Fenchelsamen
1 TL gemahlener Kreuzkümmel
1 geh. TL gemahlener Koriander
3/4 TL Cayennepfeffer

ZUM FERTIGSTELLEN

2 EL neutrales Pflanzenöl
4 EL gekörnte Gemüsebrühe (siehe S. 68)
150 g Kokosmilch* (ersatzweise Pflanzensahne* zum Kochen)

AUSSERDEM

1 Twist-off-Glas (ca. 1 l Inhalt, sterilisiert)

FÜR 4 PORTIONEN

Zubereitungszeit: 30 Min.
Pro Portion ca. 585 kcal, 35 g EW, 16 g F, 75 g KH

1 Für den Linsen-Mix alle Zutaten in das Glas schichten. Kühl und trocken aufbewahren. Der Linsen-Mix hält sich mindestens 1 Jahr.

2 Zum Fertigstellen des Dals das Öl in einem Topf erhitzen und den Linsen-Mix darin bei mittlerer Hitze unter Rühren ca. 1 Min. andünsten, bis die Gewürze duften. 1 l Wasser dazugießen und das Brühpulver hinzufügen. Alles aufkochen, dann zugedeckt bei schwacher Hitze 12–15 Min. köcheln lassen, bis die Linsen gar sind. Zuletzt die Kokosmilch dazugeben und gut verrühren.

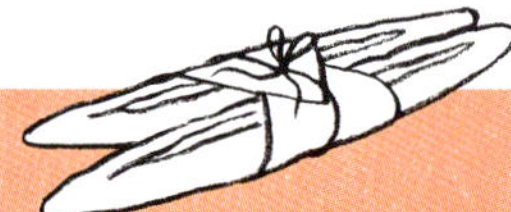

MEIN GENUSSTIPP

Ich serviere das Dal gern als Beilage zu gedämpftem oder gebratenem Gemüse, mache aber auch oft einfach eine schnelle Suppe daraus: Dazu den Linsen-Mix in einen Topf geben und mit 500 ml Wasser und 400 g Kokosmilch (oder 300 ml Pflanzendrink und 100 g Pflanzensahne zum Kochen) aufgießen.
Alles zugedeckt bei schwacher Hitze ca. 15 Min. köcheln lassen und anschließend mit dem Stabmixer fein pürieren. Mit 3 EL Kräuter- oder naturtrübem Apfelessig abschmecken.

COUSCOUS-MIX

MIT SESAM UND GEWÜRZEN

COUSCOUS IST BEREITS VORGEGARTER GROBER WEIZENGRIESS. ER LÄSST SICH GANZ FIX ZUBEREITEN UND IST GENAUSO VARIANTENREICH WIE LECKER!

1 2 Tage vorher die Zitrone heiß waschen, abtrocknen und die Schale fein abreiben. Die Frühlingszwiebeln putzen, waschen und in feine Ringe schneiden. Ein Backblech mit Backpapier auslegen und Zitronenschale und Frühlingszwiebelringe darauf verteilen. An einem warmen Ort (auf der Heizung oder in der Sonne) ca. 48 Std. trocknen lassen. (Alternativ im Ofen bei 50° 4–5 Std. trocknen, dabei einen Kochlöffel in die Backofentür klemmen, damit feuchte Luft entweichen kann.)

2 Am übernächsten Tag den Couscous in das Glas füllen und die trockene Frühlingszwiebel-Zitronen-Mischung daraufschichten. Die übrigen Zutaten der Reihe nach einfüllen und das Glas luftdicht verschließen. Dunkel und trocken aufbewahrt hält sich die Mischung mind. 6 Monate.

3 Zum Fertigstellen in einem Topf 750 ml Wasser aufkochen und den Couscous-Mix einrühren. Den Topf vom Herd ziehen und den Couscous zugedeckt ca. 10 Min. quellen lassen. Dabei nach Belieben die Kräuter-Öl-Würfel noch gefroren dazugeben. Den Couscous gut umrühren und warm oder kalt servieren, er eignet sich auch super als Basis für einen Salat (siehe S. 166).

FÜR DEN COUSCOUS-MIX

1 Bio-Zitrone
2 Frühlingszwiebeln
250 g Couscous
1/2 TL Pul Biber (ersatzweise 1 Msp. Chiliflocken)
1 geh. EL gekörnte Gemüsebrühe (siehe S. 68)
1 TL Salz
4 EL helle oder dunkle Sesamsamen

ZUM FERTIGSTELLEN

2 Kräuter-Öl-Würfel (nach Belieben, siehe S. 128, ersatzweise 2 EL natives Olivenöl)

AUSSERDEM

1 Twist-off-Glas (ca. 500 ml Inhalt, sterilisiert)
Backpapier

FÜR 4 PORTIONEN

Zubereitungszeit: 20 Min.
Trockenzeit: 48 Std. bzw. 2 Tage
Pro Portion ca. 280 kcal, 10 g EW, 5 g F, 48 g KH

TIEFKÜHL-GEMÜSEMIX

MIT KRÄUTER-ÖL-EISWÜRFELN

FIX UND FERTIG, NUR NOCH AUFWÄRMEN

FÜR DEN GEMÜSEMIX
1 großer Brokkoli (350 g)
2 kleine Fenchelknollen (500 g)
3 mittelgroße Möhren (500 g)
400 g grüne Bohnen (ersatzweise gelbe Wachsbohnen)
2 mittelgroße Zucchini (600 g)

FÜR DIE KRÄUTER-ÖL-WÜRFEL
1 Bund Petersilie
2 Zweige Rosmarin
5 Salbeiblätter
2 Knoblauchzehen
7 EL neutrales Pflanzenöl

AUSSERDEM
Salz
2 Gefrierbeutel (à ca. 3 l Inhalt)
1 Eiswürfelform mit 9 Mulden

FÜR 8 PORTIONEN TK-GEMÜSEMIX À 250 G MIT 6 KRÄUTER-ÖL-EISWÜRFELN
Zubereitungszeit: 35 Min.
Pro Portion Gemüsemix ca. 55 kcal, 4 g EW, 1 g F, 18 g KH,
pro Eiswürfel ca. 75 kcal, 0 g EW, 8 g F, 0 g KH

1 In einem großen Topf 2 l Wasser zum Kochen bringen und 1 EL Salz dazugeben.

2 Für den Gemüsemix das Gemüse putzen und waschen bzw. schälen. Brokkoli in mundgerechte Röschen teilen, den Strunk schälen und in 1 cm breite Scheiben schneiden. Fenchel entstrunken und quer in 1 1/2 cm breite Scheiben schneiden. Möhren in 5 mm breite Scheiben schneiden. Bohnen quer halbieren oder dritteln. Die Zucchini längs halbieren, in 1 cm breite Scheiben schneiden und jeweils die Hälfte in die Gefrierbeutel geben.

3 Möhren, Brokkolischeiben und Bohnen im kochenden Salzwasser ca. 5 Min. blanchieren. Nach ca. 3 Min. Brokkoliröschen und Fenchel dazugeben. Das Gemüse mit einem Schaumlöffel aus dem Wasser heben, kalt abschrecken und gut abtropfen lassen, mit Küchenpapier trocken tupfen. Das Gemüse auf die Gefrierbeutel verteilen, die Beutel verschließen (dabei die Luft herausdrücken) und das Gemüse flach im Beutel verteilen. Die Gefrierbeutel einfrieren – sie sind so ca. 4 Monate haltbar.

4 Für die Kräuter-Öl-Würfel die Kräuter waschen, trocken tupfen, die Blätter bzw. Nadeln abzupfen und grob hacken. Knoblauch schälen und grob würfeln. Kräuter und Knoblauch im Blitzhacker per Pulsfunktion zerkleinern. Die Mischung in 9 Eiswürfelmulden drücken, jeweils mit Öl aufgießen und ebenfalls 3 Std. einfrieren. Danach die Würfel aus den Mulden drücken und je 3 Würfel in jeden Gemüse-Gefrierbeutel packen. Die übrigen Würfel in einem Twist-off-Glas (ca. 150 ml Inhalt, sterilisiert) aufbewahren (Haltbarkeit: 6 Monate), sie eignen sich zum Beispiel zum Würzen von Couscous, Hirse oder Reis. Die Würfel bei warmen Gerichten direkt dazugeben, bei kalten vorher bei Raumtemperatur in ca. 1 Std. auftauen lassen.

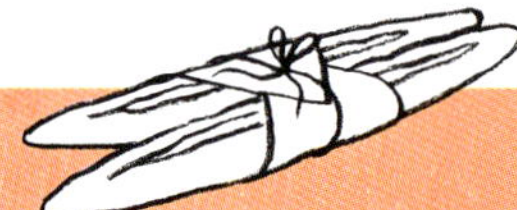

MEINE PRAXISTIPPS

Auf S. 13 finden Sie Informationen zum Einfrieren. Das Blanchieren geht fast wie nebenbei, das mache ich während des Kochens. So kann ich auch Gemüsereste verarbeiten, die ich nicht sofort verbrauche. Wenn ich größere Mengen Gemüse blanchiert habe, koche ich zum Schluss noch die Schalen und Putzreste im Kochwasser ca. 1 Std. aus. So entsteht ein herrlicher Gemüsefond, den ich dann noch heiß in sterilisierte Twist-off-Gläser fülle. Damit der Fond länger hält, gieße ich ihn beim Einfüllen durch ein feines Sieb oder einen Kaffeefilter. Was Sie außerdem mit dem Kochwasser anfangen können, steht auf S. 145.

HAUSGEMACHTES KETCHUP

----- MIT DREIERLEI VARIANTEN -----

AUS FRISCHEN TOMATEN!

2 große Zwiebeln (200 g)
1 kg Tomaten
2 TL neutrales Pflanzenöl zum Braten
1 TL Salz
1/2 TL schwarze Pfefferkörner
1 Msp. Zimtpulver
2 TL Pfeilwurzelstärke*
60 ml Ahornsirup* (ersatzweise Agavendicksaft*)
40 ml naturtrüber Apfelessig*
25 g Tomatenmark

✦

AUSSERDEM

4 Twist-off-Gläser (à ca. 250 ml Inhalt, sterilisiert)

✦

FÜR 50 PORTIONEN À 25 G

Zubereitungszeit: 20 Min.
Garzeit: 35 Min.
Pro Portion ca. 10 kcal, 0 g EW, 0 g F, 2 g KH

1 Die Zwiebeln schälen und grob würfeln. Die Tomaten waschen und vierteln, dabei die Stielansätze entfernen. Das Öl in einem Topf erhitzen und die Zwiebeln darin 1–2 Min. glasig andünsten. Dann Tomaten, Salz, Pfefferkörner und Zimt dazugeben und alles mit dem Stabmixer sehr fein pürieren.

2 Das Tomatenpüree aufkochen und offen bei schwacher Hitze 30–35 Min. köcheln lassen, dabei ab und zu umrühren. Anschließend vom Herd nehmen. Die Pfeilwurzelstärke in 2 EL Wasser glatt rühren und mit Ahornsirup, Essig und Tomatenmark unter das Tomatenpüree rühren. Alles nochmals aufkochen und unter Rühren 1–2 Min. kochen, bis eine Bindung entstanden ist.

3 Die Gläser mit kochend heißem Wasser ausspülen. Das Ketchup noch heiß in die Gläser füllen und sofort verschließen. Die Gläser mit einem Küchentuch bedeckt bei Raumtemperatur langsam abkühlen lassen. Das Ketchup hält sich kühl, trocken und dunkel gelagert 4–6 Monate. Nach dem Öffnen innerhalb von ca. 4 Tagen verbrauchen.

4 Nach Belieben das Ketchup folgendermaßen variieren: Für ein BBQ-Ketchup 4 EL BBQ-Gewürz und 1 TL Rauchsalz (ersatzweise Meersalz) untermischen. Für ein Sweet-Chili-Ketchup 2 EL Ahornsirup und 1 kleine getr., fein gehackte Chilischote dazugeben. Für ein Garam-Masala-Ketchup 2 TL Garam-Masala-Würzpaste (siehe S. 133, ersatzweise 2 geh. TL Garam-Masala-Pulver) hinzufügen.

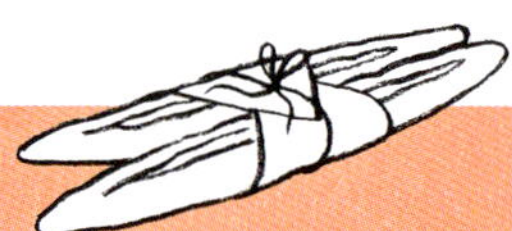

MEIN EXTRATIPP

Wenn ich auf die Schnelle kleine Mengen Ketchup benötige, helfe ich mir ganz einfach so: In ein sauberes Twist-off-Glas (ca. 250 ml Inhalt) fülle ich 2 geh. EL Tomatenmark, würze mit 3 TL Ahornsirup, 1 Prise Zimtpulver, etwas Salz und schwarzem Pfeffer aus der Mühle und gebe dann unter Rühren esslöffelweise so viel heißes Wasser dazu, bis die gewünschte Konsistenz erreicht ist.

EGAL, OB MIT GEWÜRZEN ODER NATURELL – MEINE „HAUSMARKE“

KOMMT OHNE ZUSATZSTOFFE UND INDUSTRIEZUCKER AUS.

BBQ-WÜRZPASTE

MIT RAUCHSALZ

DER KNOBLAUCH WIRD HIER VORHER GETROCKNET. SO KANN ER SPÄTER NICHT GÄREN UND DIE PASTE HÄLT SICH DEUTLICH LÄNGER ALS MIT FRISCHEM KNOBLAUCH.

2 kleine Knoblauchzehen
3 geh. TL edelsüßes Paprikapulver (10 g)
1/2 TL Cayennepfeffer
1/4 TL gemahlener Kreuzkümmel
1 TL gemahlener Koriander
6 TL getr. Oregano
3 TL getr. Rosmarin
2 TL Rauchsalz* (ersatzweise Meersalz)
9 EL natives Olivenöl
2 TL Ahornsirup* (ersatzweise Agavendicksaft*)

AUSSERDEM

1 Twist-off-Glas (ca. 150 ml Inhalt, sterilisiert)

FÜR 20 PORTIONEN

Zubereitungszeit: 10 Min.
Trockenzeit: mind. 12 Std. oder über Nacht
Pro Portion ca. 40 kcal, 0 g EW, 5 g F, 0 g KH

1 Am Vortag die Knoblauchzehen schälen, in feine Scheiben schneiden und auf der Heizung oder in der Sonne mind. 12 Std. vollständig trocknen lassen.

2 Am nächsten Tag den getrockneten Knoblauch in einen Gefrierbeutel geben, diesen verschließen und die Knoblauchscheiben mit dem Nudelholz zerbröseln.

3 Den zerstoßenen Knoblauch mit Gewürzen, Kräutern, 6 EL Öl und Ahornsirup in das Glas füllen und gut umrühren. Bei Bedarf mit dem übrigen Öl bedecken, sodass die Paste abgeschlossen von Luft ist. Die Würzpaste hält sich 1 Jahr im Kühlschrank. Die Paste immer mit einem sauberen Löffel entnehmen und ggf. wieder mit Öl aufgießen, sodass sie vollständig bedeckt und von Luft abgeschlossen ist.

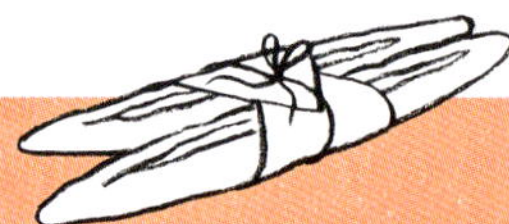

MEIN TAUSCHTIPP

Wenn Sie Öl und Ahornsirup weglassen, entsteht eine pikante Gewürzmischung, die meinen Gewürzschrank ebenfalls zu allen möglichen Anlassen verlässt. Egal, ob als Paste oder Gewürzmischung – die Kombination von mediterranen Kräutern und Rauchsalz passt zu herzhaft mariniertem Tofu ebenso gut wie zu kurzgebratenem Gemüse oder pikant marinierten Kartoffelspalten.

GARAM-MASALA-

----- WÜRZPASTE -----

ZUM KLASSISCHEN GARAM-MASALA-MIX GEHÖREN IMMER KARDAMOM, ZIMT, GEWÜRZNELKEN, SCHWARZER PFEFFER UND KREUZKÜMMEL – DER REST IST FREI WÄHLBAR.

1 Die Zwiebel und den Ingwer schälen und fein würfeln. 4 EL Öl in einer Pfanne erhitzen und die Zwiebelwürfel ca. 1 Min. darin glasig andünsten. Ingwer und Gewürze dazugeben und alles unter Rühren bei mittlerer Hitze 2–3 Min. anrösten, bis die Gewürze duften.

2 Zuletzt die getrocknete Chili grob hacken und mit der Kurkumapaste und den Gewürzzwiebeln in einen hohen Rührbecher füllen. Die Mischung mit dem Stabmixer zu einer feinen Paste pürieren, in das Glas füllen und die Oberfläche mit dem restlichen Öl bedecken. Die Würzpaste hält sich ca. 4 Wochen im Kühlschrank. Dabei nach jeder Entnahme ggf. wieder mit Öl aufgießen, sodass sie vollständig bedeckt und von der Luft abgeschlossen ist.

3 Um sie länger haltbar zu machen, die Würzpaste einfrieren. Dafür eine Eiswürfelform bereitstellen und ca. 1 geh. TL Paste in jede Mulde drücken. Über Nacht einfrieren und die fertigen Würfel am nächsten Tag in ein Twist-off-Glas (ca. 500 m Inhalt) umpacken. Die Garam-Masala-Würzwürfel halten sich im Tiefkühlgerät mehrere Monate.

MEIN PRAXISTIPP

Ich verwende diese Paste nicht nur für cremige Currys, sondern auch zum Marinieren von Tofu und Tempeh oder zum Aromatisieren von Eintöpfen.

1 rote Zwiebel | 1 daumengroßes Stück Ingwer
7 EL neutrales Pflanzenöl zum Braten
8 Kardamomkapseln | 2 EL Koriandersamen
1 EL Kreuzkümmelsamen
1 EL schwarze Pfefferkörner | 1 TL Gewürznelken
1 EL gelbe Senfsamen | 2 Zimtstangen
2 kleine getr. Chilischoten (nach gewünschter Schärfe)
80 g Kurkumapaste (siehe S. 60)

AUSSERDEM

1 Twist-off-Glas (ca. 400 ml Inhalt, sterilisiert)

FÜR 25 PORTIONEN

Zubereitungszeit: 20 Min.
Pro Portion ca. 30 kcal, 0 g EW, 3 g F, 0 g KH

LECKER
WÜRZIG

MOJO VERDE

MIT PETERSILIE UND DILL

400 g Pimientos de Padrón (Bratpaprikaschoten, ersatzweise milde grüne Peperonischoten)
2 EL neutrales Pflanzenöl zum Braten
2 Bio-Limetten
je 1 Bund Petersilie und Dill
2 Knoblauchzehen
2 TL Rauchsalz* (ersatzweise Meersalz)
1 TL schwarze Pfefferkörner (ersatzweise 1 1/2 TL schwarzer Pfeffer aus der Mühle)
9 EL natives Olivenöl
1 EL Ahornsirup* (ersatzweise Agavendicksaft*)

✦

AUSSERDEM

Backpapier
2 Twist-off-Gläser (à ca. 250 ml Inhalt, sterilisiert)

✦

FÜR 16 PORTIONEN

Zubereitungszeit: 25 Min.
Garzeit: 10 Min.
Pro Portion ca. 75 kcal, 0 g EW, 7 g F, 2 g KH

1 Den Backofen auf die höchstmögliche Stufe (ca. 250°) vorheizen. Ein Backblech mit Backpapier auslegen. Die Pimientos waschen, abtrocknen und auf dem Backblech mit dem Pflanzenöl vermengen. Die Pimientos im Ofen (2. Schiene von oben) 8–10 Min. garen, bis die Haut Blasen wirft und leicht gebräunt ist. Dabei, falls möglich, zusätzlich den Grill einschalten. Die Pimientos herausnehmen und abkühlen lassen.

2 Inzwischen die Limetten heiß waschen, abtrocknen, die Schale abreiben und den Saft auspressen. Die Kräuter waschen, trocken tupfen, die Blätter bzw. Spitzen abzupfen und grob hacken. Die Knoblauchzehen schälen und halbieren. Pimientos, Limettenschale und -saft, Kräuter, Knoblauch, Rauchsalz, Pfeffer, 6 EL Öl und Ahornsirup in einen hohen Rührbecher geben und alles mit dem Stabmixer zu einer noch etwas stückigen Paste pürieren.

3 Die Mojo verde in die Gläser füllen und die Gläser mehrmals mit dem Boden auf die Arbeitsfläche stoßen, damit keine Luftblasen entstehen. Anschließend die Glasränder säubern und die Gläser mit so viel Öl auffüllen, dass die Mojo vollständig bedeckt ist. Die Mojo verde hält sich im Kühlschrank ca. 8 Monate. Die Sauce stets mit einem sauberen Löffel entnehmen und ggf. nach jeder Entnahme wieder mit etwas Öl auffüllen.

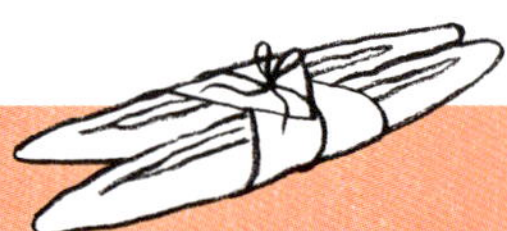

MEIN GENUSSTIPP

Diese Sauce kitzelt den Gaumen und ist mein Ass im Ärmel, wenn es beim Kochen einfach nur schnell gehen muss: Frisches Gemüse ist schnell gebraten, dazu Brot, Pasta oder Pellkartoffeln und obendrauf - als Dip und Sauce in einem - diese köstliche Mojo verde.
Das Rezept soll Sie zum Spielen einladen, denn in diese grüne Sauce passen auch Schnittlauch, Basilikum, Pfefferminze, Koriander oder Wildkräuter wie junge Brennnesseln (vorher blanchieren!) oder Giersch.

WÜRZSAUCE

»WORCESTER-STYLE«

IN GEKAUFTER WORCESTER-SAUCE SIND OFT SARDELLEN ENTHALTEN, SIE IST ALSO SELTEN VEGAN. MACHT NICHTS, SELBST GEMACHT SCHMECKT SIE OHNEHIN VIEL BESSER!

300 ml naturtrüber Apfelessig*
6 EL Shoyu-Sauce* (ersatzweise Tamari- oder dunkle Sojasauce*)
2 EL Ahornsirup*
2 TL mittelscharfer Senf
1 walnussgroßes Stück Ingwer (6 g)
2 Knoblauchzehen
1/2 Zwiebel

AUSSERDEM

1 Twist-off-Glas (ca. 400 ml Inhalt, sterilisiert)

FÜR 28 PORTIONEN À 15 ML

Zubereitungszeit: 10 Min.
Ziehzeit: 12 Std. oder über Nacht
Pro Portion ca. 10 kcal, 0 g EW, 0 g F, 1 g KH

1 Apfelessig, Shoyu-Sauce, Ahornsirup und Senf so lange gründlich verrühren, bis sich der Senf aufgelöst hat, und in das Glas füllen. Ingwer, Knoblauch und Zwiebel schälen. Ingwer und Zwiebel in feine Scheiben schneiden, den Knoblauch mit einem Messer andrücken.

2 Ingwer, Knoblauch und Zwiebel zur Flüssigkeit ins Glas geben, das Glas verschließen und gut schütteln. Das Glas gut verschlossen im Kühlschrank ca. 12 Std. oder über Nacht ziehen lassen.

3 Am nächsten Tag alles in ein feines Sieb gießen, die festen Zutaten entfernen. Die Sauce zurück ins Glas geben, sie hält sich gut verschlossen im Kühlschrank mehrere Monate.

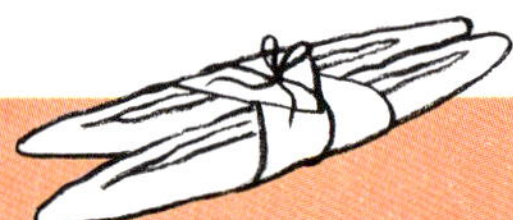

MEIN GENUSSTIPP

Ich verfeinere mit dieser Sauce vor allem Marinaden, beispielsweise für gebackenen Tofu. Schauen Sie mal auf S. 166 vorbei. Außerdem schmeckt ein Spritzer davon auch super in Asia-Dressings mit viel Knoblauch, Zitronengras und Chili.

NUSS-TOPPING

MIT PISTAZIEN

PERFEKT FÜR PASTA UND SALATE, ALS BEIGABE IN GRATINIERMASSEN ODER – GEMISCHT MIT ETWAS OLIVENÖL – EINFACH SO ALS AUFSTRICH AUF FRISCHEM BROT.

1 Die Cashewkerne und Pistazien in einer beschichteten Pfanne ohne Fett anrösten, bis sie leicht gebräunt sind und gut duften. Danach herausnehmen und abkühlen lassen. Den Knoblauch schälen und sehr fein hacken. Die Zitrone auspressen.

2 Die abgekühlten Nüsse mit dem Leinsamen in einen Blitzhacker oder Standmixer geben und fein mahlen. Die Mischung anschließend mit den übrigen Zutaten verrühren und in das Glas füllen. Die Nussmischung hält sich gut verschlossen im Kühlschrank mehrere Monate.

LÄSST SICH SUPER VARIIEREN

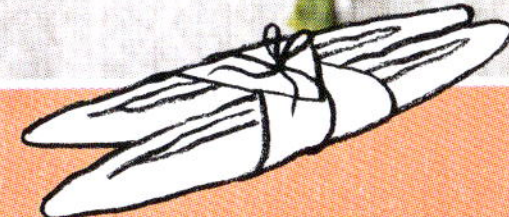

MEIN TAUSCHTIPP

Anstelle von Cashewkernen und Pistazien können Sie auch auf andere Nüsse und Saaten zurückgreifen. Mandeln, Walnüsse, Haselnüsse – alles ist möglich! Ebenso lässt sich bei den verwendeten Gewürzen so manches ausprobieren: Mediterran schmeckt die Mischung mit den gehackten Nadeln von 2 Zweigen Rosmarin. Feurig wird's, wenn Sie zusätzlich 1 kleine, fein gehackte Chilischote ins Nuss-Topping geben.

50 g Cashewkerne
100 g Pistazienkerne
1 Knoblauchzehe
1/2 Zitrone | 1 EL Leinsamen
2 EL Hefeflocken* | 1/4 TL Salz
1 Msp. frisch geriebene Muskatnuss
1 EL natives Olivenöl

AUSSERDEM

1 Twist-off-Glas (ca. 450 ml Inhalt, sterilisiert)

FÜR 15 PORTIONEN À 12 G

Zubereitungszeit: 20 Min.
Pro Portion ca. 75 kcal, 3 g EW, 6 g F, 2 g KH

REMOULADE

MIT DILL

MIT SELBST GEMACHTER MAYO

FÜR DIE MAYONNAISE

200 ml Sojadrink (ungesüßt)
225 ml neutrales Pflanzenöl
1 TL Kala Namak* (ersatzweise Salz)
2 TL mittelscharfer Senf
1 Knoblauchzehe
1 TL Salz

FÜR DIE REMOULADE ZUSÄTZLICH

1/2 Bund Dill
Saft von 1/2 Zitrone
1/2 TL Ahornsirup* (ersatzweise Agavendicksaft*)

FÜR 10 PORTIONEN À 35 G

Zubereitungszeit: 15 Min.
Pro Portion ca. 210 kcal, 0 g EW, 23 g F, 1 g KH

1 Für die Mayonnaise zuerst 150 ml Sojadrink und das Öl Raumtemperatur annehmen lassen und in das Glas oder einen hohen Rührbecher füllen. Den Stabmixer in die Flüssigkeit stellen und auf höchste Stufe schalten. Zuerst Sojadrink und Öl am Boden mixen, dann den Stabmixer langsam nach oben ziehen. Kala Namak und Senf unterrühren.

2 Den Knoblauch schälen, möglichst fein würfeln und mit dem Salz auf einem Schneidebrett mit einem Messerrücken zur Paste zerreiben. Die Paste ebenfalls unter die Mayonnaise heben.

3 Für die Remoulade den Dill waschen, trocken tupfen, die Spitzen abzupfen und sehr fein hacken. Mit dem Zitronensaft zur Mayonnaise geben und alles mit dem Ahornsirup abschmecken.

4 Zum Schluss den restlichen Sojadrink esslöffelweise einrühren, bis die Remoulade dickflüssig und cremig ist. Die Remoulade hält sich in sauberen Schraubgläsern oder Plastikboxen luftdicht verschlossen und trocken gelagert im Kühlschrank ca. 1 Woche. Die Dill-Remoulade als Dip zu indischem Naan-Brot (siehe S. 104) oder zu Pizzataschen (siehe S. 162) servieren.

EIN REZEPT FÜR ZWEI SAUCEN – ZUERST BEREITE ICH EINE MAYONNAISE ZU, MIT KRÄUTERN UND ZITRONENSAFT VERFEINERT WIRD DARAUS EINE REMOULADE.

CASHEWDRESSING

EXTRALEICHT

DAS IST MEINE LEICHTE ALTERNATIVE ZU ÜPPIGER MAYONNAISE. SIE EIGNET SICH PERFEKT ALS DRESSING FÜR DEN LAUWARMEN KARTOFFELSALAT MIT SPINAT.

250 g Cashewmus (siehe S. 43, ersatzweise Mandelmus*)
200 ml Brottrunk
1 EL geriebener Meerrettich
2 TL mittelscharfer Senf
1 EL Weißweinessig (ersatzweise naturtrüber Apfelessig*)
2 TL Ahornsirup* (ersatzweise Agavendicksaft*)
200 ml Pflanzendrink* (ungesüßt)
1 EL Leinsamen
1 TL Salz
1 TL schwarzer Pfeffer aus der Mühle
je 1 Bund Dill und Petersilie

AUSSERDEM

2 Twist-off-Gläser (à 400 ml Inhalt, sterilisiert)

FÜR 8 PORTIONEN À 90 ML

Zubereitungszeit: 15 Min.
Fermentierzeit: 8 Std. oder über Nacht
Pro Portion ca. 215 kcal, 8 g EW, 14 g F, 12 g KH

1 Am Vortag das Cashewmus mit dem Brottrunk glatt rühren. Die Masse zugedeckt bei Raumtemperatur ca. 8 Std. oder über Nacht (je nach gewünschtem Geschmack – je länger, desto würziger die Creme) fermentieren lassen. Danach im Kühlschrank aufbewahren.

2 Am nächsten Tag das fermentierte Cashewmus mit den übrigen Zutaten bis auf die Kräuter in einen hohen Rührbecher geben und mit dem Stabmixer fein pürieren. Dill und Petersilie waschen, trocken tupfen, die Spitzen bzw. Blätter abzupfen und fein hacken. Die Kräuter mit dem Dressing verrühren, das Dressing auf die Gläser verteilen, gut verschließen und einfrieren.

3 Alternativ das Dressing in Eiswürfelformen einfrieren. Die Eiswürfel nach dem Gefrieren in einem großen Twist-off-Glas oder einem Gefrierbeutel im Tiefkühlgerät aufbewahren. Das Cashewdressing hält sich eingefroren ca. 6 Monate.

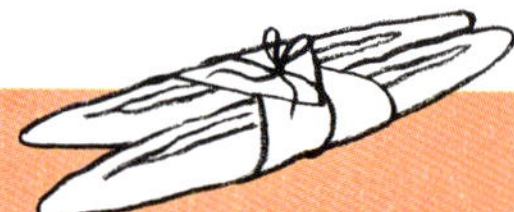

MEIN EXTRATIPP

Und was kann man mit diesem Dressing so alles anstellen? Ich mag es zum Beispiel als leichte Alternative zu Mayonnaise in einem schnellen Kartoffelsalat. Blättern Sie doch mal auf S. 151.

AVOCADOSAUCE

----- MIT PETERSILIE -----

ICH VARIIERE DIE VERWENDETEN NÜSSE UND KRÄUTER GANZ NACH LUST, LAUNE UND SAISONALEM ANGEBOT. SCHAUEN SIE FÜR IDEEN DOCH MAL IN DEN TIPP!

1 Die Walnusskerne in einer beschichteten Pfanne ohne Fett anrösten. Herausnehmen und abkühlen lassen. Inzwischen die Petersilie waschen, trocken tupfen, die Blätter abzupfen und grob hacken. Die Avocado schälen und den Kern entfernen. (Den Kern nach Belieben im Ganzen trocknen und dann mit einer Zitronen- oder Muskatreibe fein reiben. Das Pulver enthält viele Nährstoffe und lässt sich zum Beispiel in Smoothies prima untermischen.)

2 Den Knoblauch schälen. Die Zitronen heiß waschen, abtrocknen und die Schale fein abreiben. Den Saft auspressen und 4 EL abnehmen (den Rest anderweitig verwenden, nach Belieben in Eiswürfelformen einfrieren).

3 Alle Zutaten mit 10 EL Wasser in einen Blitzhacker oder eine Küchenmaschine mit Messereinsatz geben und zu einer cremigen Sauce pürieren. Die Sauce in die Gläser füllen, gut verschließen und einfrieren (alternativ portionsweise in Eiswürfelbehältern einfrieren).

MEINE TAUSCHTIPPS

Die Sauce schmeckt auch mit anderen Kräutern: Je 1 Bund Koriander und Thai-Basilikum anstelle der Petersilie sowie die gleiche Menge Pistazien anstelle der Walnüsse ergeben ein leckeres Dressing für Asia-Gerichte. Mit Schnittlauch und Bärlauch anstelle der Petersilie passt die Sauce perfekt zu Frühlingsrezepten. Für ein schnelles Kräuterdressing können Sie die Avocado nach Belieben durch 3 EL Nussmus* (z. B. Cashew-, Sesam- oder Mandelmus) ersetzen.

100 g Walnusskerne | 2 Bund Petersilie
1 reife Avocado (am besten die Sorte »Hass«)
3 Knoblauchzehen | 2 Bio-Zitronen
1 EL Ahornsirup* (ersatzweise Agavendicksaft*)
3 EL natives Olivenöl

AUSSERDEM

2 Twist-off-Gläser (à ca. 350 ml Inhalt, sterilisiert)

FÜR 17 PORTIONEN À 15 ML

Zubereitungszeit: 15 Min.
Pro Portion ca. 80 kcal, 1 g EW, 8 g F, 2 g KH

ROTWEINSAUCE

----- IM BRATEN-STYLE -----

FÜR DEFTIGES IM HERBST UND WINTER!

4 mittelgroße Möhren
200 g Knollensellerie
2 mittelgroße Lauchstangen
4 Zwiebeln
je 8 Zweige Rosmarin und Thymian
6 EL neutrales Pflanzenöl zum Braten
4 geh. EL Tomatenmark
800 ml trockener Rotwein*
Salz
200 g Räuchertofu (möglichst dunkel, siehe Tipp)
4 Lorbeerblätter
6 Pimentkörner
3 TL schwarze Pfefferkörner
schwarzer Pfeffer aus der Mühle

AUSSERDEM

4 Twist-off-Gläser (à ca. 750 ml Inhalt, sterilisiert)

FÜR 16 PORTIONEN À CA. 190 ML

Zubereitungszeit: 45 Min.
Garzeit: 2 Std.
Einkochzeit: 45 Min.
Ziehzeit: 30 Min.
Pro Portion ca. 105 kcal, 3 g EW, 5 g F, 4 g KH

1 Möhren und Sellerie schälen und in 2 cm breite Stücke bzw. Würfel schneiden. Den Lauch putzen, waschen und in 1 cm dicke Ringe schneiden. Die Zwiebeln schälen und vierteln. Die Kräuter waschen und trocken tupfen.

2 Das Öl in einer Pfanne erhitzen und das Gemüse darin bei mittlerer Hitze 2–3 Min. andünsten, bis die Zwiebeln an den Rändern goldbraun sind. Das Tomatenmark hinzufügen und ca. 2 Min. unter Rühren weiterbraten, bis es sich rostbraun verfärbt.

3 Rotwein und 400 ml Wasser dazugießen und mit 1 TL Salz würzen. Den Tofu am Stück, die Kräuterzweige, Lorbeer, Piment- und Pfefferkörner dazugeben und alles zugedeckt bei schwacher Hitze ca. 2 Std. köcheln lassen. Danach Räuchertofu, Kräuterzweige und Lorbeerblatt herausnehmen und entfernen.

4 Die Sauce samt Gemüse in ein feines Sieb gießen, das Gemüse mit Hilfe eines Löffels durchpassieren und Reste entfernen. Die Sauce auffangen, mit Salz und Pfeffer abschmecken und nochmals aufkochen.

5 Den Backofen auf 120° vorheizen. Die Gläser mit kochend heißem Wasser ausspülen, die heiße Sauce einfüllen und die Glasränder sorgfältig reinigen. Die Gläser sofort verschließen und in eine ofenfeste Form (ca. 20 x 30 cm) stellen, so dass sie sich nicht berühren. 2 1/2 cm hoch heißes Wasser angießen und die Sauce im Ofen (unten) ca. 45 Min. einkochen. Danach im ausgeschalteten Backofen noch ca. 30 Min. ziehen lassen.

6 Die Gläser herausnehmen und mit einem Küchentuch bedeckt bei Raumtemperatur langsam abkühlen lassen. Die Deckelmitte darf sich nach dem Abkühlen nicht mehr nach unten drücken lassen. Die Sauce hält sich kühl, trocken und dunkel gelagert bis zu 1 Jahr. Alternativ portionsweise in Gefrierbeuteln einfrieren.

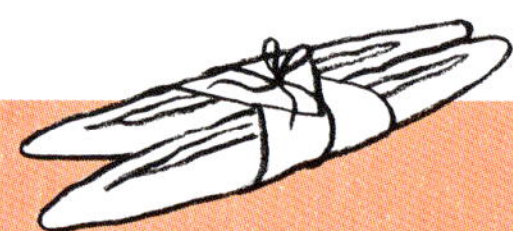

MEIN PRAXISTIPP

Auch wenn der Räuchertofu hier nur ausgekocht wird: Verwenden Sie am besten immer mit Holz geräucherten Tofu, dann gehen Sie sicher, dass das Räucheraroma nicht über Flüssigrauch erzeugt wurde.

BÉCHAMELSAUCE

----- ZUM EINFRIEREN -----

DIE MEHLSCHWITZE ALS BASIS BEREITE ICH GERN MIT AROMATISCHEN ÖLEN WIE Z. B. ALBAÖL ZU - FÜR EIN SCHÖNES BUTTERAROMA GANZ OHNE CHOLESTERIN.

7 EL Albaöl* (ersatzweise neutrales Pflanzenöl zum Braten)
7 EL Weizenvollkornmehl (ersatzweise Dinkelvollkornmehl)
600 ml Pflanzendrink* (ungesüßt, z. B. Soja-, Mandel- oder Cashewdrink)
5 EL Pflanzensahne* zum Kochen
Salz
schwarzer Pfeffer aus der Mühle
1 Msp. frisch geriebene Muskatnuss
4 EL Hefeflocken*

AUSSERDEM
2 Twist-off-Gläser oder 2 Gefrierbeutel (à 500 ml Inhalt, Gläser sterilisiert)

FÜR 8 PORTIONEN À 100 ML
Zubereitungszeit: 15 Min.
Pro Portion ca. 170 kcal, 6 g EW, 12 g F, 9 g KH

1 Das Öl in einem Topf erhitzen, das Mehl dazugeben und bei mittlerer Hitze unter Rühren 1–2 Min. goldgelb anrösten. Pflanzendrink und -sahne mit einem Schneebesen einrühren und alles einmal aufkochen, dabei ständig weiterrühren.

2 Die Sauce mit Salz, Pfeffer und Muskatnuss abschmecken und bei schwacher Hitze ca. 5 Min. köcheln lassen. Zum Schluss die Hefeflocken unterrühren, die Sauce vom Herd ziehen und etwas abkühlen lassen.

3 Die Gläser mit kochend heißem Wasser ausspülen, die Béchamelsauce in die Gläser oder Gefrierbeutel füllen und die Glasränder sorgfältig reinigen. Sobald die Sauce vollständig abgekühlt ist, einfrieren. Sie hält sich 6–8 Monate im Tiefkühlgerät. Das gesamte Rezept reicht für 2 Lasagnen oder Aufläufe – bzw. für 2 x 4 Portionen als Sauce zu Gemüse.

HELLE SAUCE

FÜR GEMÜSEGERICHTE

WAS TUN MIT EINEM GEMÜSEGARSUD? ZUM WEGSCHÜTTEN IST ER MIT SEINEM TOLLEN AROMA VIEL ZU SCHADE, DARUM NUTZE ICH IHN ALS BASIS FÜR DIESE SCHNELLE SAUCE.

1 Alle Zutaten im Standmixer oder in einem hohen Rührbecher mit dem Stabmixer zu einer glatten Sauce pürieren. Die Sauce in einem Topf unter Rühren einmal aufkochen, dann vom Herd ziehen.

2 Das Glas mit kochend heißem Wasser ausspülen. Die Sauce heiß in das Glas füllen (das Glas sollte nur zu zwei Dritteln gefüllt werden) oder in die Mulden der Eiswürfelform gießen. Kurz abkühlen lassen und in das Tiefkühlgerät stellen.

3 Bei Verwendung von Eiswürfelformen die gefrorenen Saucenwürfel anschließend in ein ausreichend großes Twist-off-Glas (ca. 400 ml Inhalt), eine Plastikbox oder einen Gefrierbeutel (1–2 l Inhalt) umpacken und wieder in das Tiefkühlgerät legen.

LÄSST SICH GUT EINFRIEREN!

MEIN EXTRATIPP

Die Sauce salze ich nicht, da das Gemüsekochwasser schon Salz enthält. Denn ich empfehle beim Blanchieren von Gemüse (schauen Sie mal auf S. 128) immer 1 EL Salz auf 2 l Wasser zu verwenden.

150 ml gesalzenes Gemüsekochwasser (z. B. vom Blanchieren und Einfrieren, siehe Tiefkühl-Gemüsemix S. 128)
50 g Cashewkerne (ersatzweise Cashew- oder Mandelmus*)
2 Msp. Kala Namak* (ersatzweise Salz)
1 1/2 EL Leinöl (ersatzweise Albaöl*)
1/2 TL Pfeilwurzelstärke*
1 1/2 TL Zitronensaft (ersatzweise Apfel- oder Weißweinessig)

AUSSERDEM

1 Twist-off-Glas (ca. 300 ml Inhalt, sterilisiert) oder
1 Eiswürfelform mit 12 Mulden

FÜR 4 PORTIONEN À 50 ML

Zubereitungszeit: 5 Min.
Pro Portion ca. 110 kcal, 2 g EW, 9 g F, 5 g KH

KOCHEN UND BACKEN

AUS DEM DIY-VORRATSSCHRANK

IHR VORRATSSCHRANK IST BESTENFALLS SCHON GUT GEFÜLLT,
IM TIEFKÜHLGERÄT SCHLUMMERN EINIGE HAUSGEMACHTE SCHÄTZE –
JETZT KANN ES LOSGEHEN MIT DEM SCHLEMMEN!
UND ZWAR GESUND, SCHNELL UND ABWECHSLUNGSREICH.

LINSENEINTOPF

MIT RÄUCHERTOFU

DEFTIG-
WINTERLICH

200 g Räuchertofu
1 große Zwiebel
300 g vorwiegend festkochende Kartoffeln
200 g Möhren
3 EL neutrales Pflanzenöl zum Braten
2 geh. EL Tomatenmark
1 geh. EL Auszugmehl (ersatzweise Vollkornmehl, Getreidesorte nach Belieben)
2 1/2 TL Salz
1 geh. TL getr. Bohnenkraut
4 TL gekörnte Gemüsebrühe (siehe S. 68)
2 TL Ahornsirup*
3 EL Weißweinessig (ersatzweise naturtrüber Apfelessig*)

AUSSERDEM

1 Glas eingelegte Linsen samt Sud (siehe S. 87)

FÜR 4 PORTIONEN

Zubereitungszeit: 35 Min.
Garzeit: 20 Min.
Pro Portion ca. 335 kcal, 20 g EW, 13 g F, 33 g KH

1 Den Räuchertofu mit Küchenpapier trocken tupfen und in 1 cm große Würfel schneiden. Die Zwiebel schälen und fein würfeln. Kartoffeln und Möhren schälen und in 1 cm große Würfel schneiden.

2 In einem Topf oder einer tiefen Pfanne 2 1/2 EL Öl erhitzen und die Räuchertofuwürfel darin in ca. 2 Min. rundum goldbraun anbraten. Die Zwiebelwürfel dazugeben und in 1–2 Min. glasig andünsten. Dann das Tomatenmark hinzufügen und bei mittlerer Hitze unter Rühren 2–3 Min. anrösten. Sobald das Tomatenmark sich rostbraun verfärbt hat, das Mehl dazugeben und ca. 30 Sek. mit anrösten. (Falls die Masse zu trocken ist, noch 1 TL Öl hinzufügen.)

3 Die Gemüsewürfel und 1 l Wasser dazugeben. Falls sich Röststoffe am Topfboden abgesetzt haben, mit einem Holzlöffel ablösen. Salz, Bohnenkraut, Brühe und Ahornsirup hinzufügen und nochmals umrühren. Alles einmal aufkochen, dann zugedeckt bei schwacher Hitze ca. 20 Min. köcheln lassen.

4 Anschließend die eingekochten Linsen samt Flüssigkeit dazugeben und den Eintopf noch ca. 5 Min. köcheln lassen. Den Topf vom Herd ziehen, den Eintopf mit Essig abschmecken und sofort servieren.

LINSENSALAT

MIT LAUWARMEM RADICCHIO

AUS EINGELEGTEN LINSEN LÄSST SICH SO VIEL ZAUBERN, DASS ICH IMMER EIN PAAR GLÄSER VORRÄTIG HABE. EINE PERFEKTE ERGÄNZUNG: MEINE NUSSLAIBCHEN.

200 g Radicchio
1 Glas eingelegte Linsen samt Sud (siehe S. 87)
2 EL Aceto Balsamico
3 TL Ahornsirup*
Salz | schwarzer Pfeffer aus der Mühle
2 Scheiben marinierter Tempeh, aufgetaut (siehe S. 78)
2 TL Albaöl* (ersatzweise neutrales Pflanzenöl zum Braten)
1 Bund Dill
40 g gereifte Nusslaibchen (siehe S. 72 und Tipp)

FÜR 4 PORTIONEN (ALS VORSPEISE)
Zubereitungszeit: 25 Min.
Pro Portion ca. 235 kcal, 13 g EW, 9 g F, 24 g KH

1 Den Radicchio in einzelne Blätter teilen, putzen, waschen, trocken schleudern und den Strunk entfernen.

2 Die Linsen in ein Sieb gießen, den Sud auffangen. 4 EL Linsensud abmessen, den Rest wegschütten. Die Linsen mit dem Sud, Essig, Ahornsirup und 1 TL Salz mischen. Den Salat mit Pfeffer würzen. Den marinierten Tempeh 1 cm groß würfeln.

3 Das Öl in einer Pfanne erhitzen und den Radicchio darin bei starker Hitze rundum scharf anbraten. Dann den Tempeh dazugeben und alles zugedeckt bei schwacher Hitze 3–4 Min. ziehen lassen.

4 Den Dill waschen, trocken tupfen, die Spitzen abzupfen (einige zum Garnieren beiseitelegen) und fein hacken. Den Dill unter den Linsensalat heben.

5 Den Salat auf Teller setzen und Radicchio und Tempeh darauf verteilen. Die Nusslaibchen mit einer Gabel in kleine Stücke zupfen und daraufsetzen. Alles mit den beiseitegelegten Dillspitzen garnieren und mit etwas Pfeffer bestreut servieren.

KARTOFFELSALAT

----- MIT SPINAT -----

MEIN SUPERSCHNELLER KARTOFFELSALAT! ICH VERWENDE KLEINE KARTOFFELN, DIE SIND IN 20 MIN. FERTIG UND MAN MUSS SIE NICHT MAL UNBEDINGT PELLEN.

1 Den Spinat putzen und waschen, größere Stiele ggf. entfernen. In einem Topf 1 1/2 l Wasser mit 1 EL Salz aufkochen und den Spinat darin ca. 30 Sek. blanchieren. Den Spinat mit einem Schaumlöffel herausheben, kalt abschrecken und gut abtropfen lassen.

2 Die Kartoffeln unter fließendem Wasser gründlich abbürsten, mit einem spitzen Messer mehrmals rundum einstechen und im Spinatkochwasser zugedeckt ca. 20 Min. garen. Anschließend das Wasser abgießen und die Kartoffeln im Topf ausdampfen lassen.

3 Inzwischen die Zwiebel schälen und fein würfeln. Das Öl in einer Pfanne erhitzen und die Zwiebelwürfel darin glasig andünsten, vom Herd nehmen und etwas abkühlen lassen. Den Spinat gut ausdrücken und grob hacken. In einer großen Schüssel Spinat und Zwiebeln mit dem Cashewdressing mischen und alles mit Muskatnuss würzen.

4 Die Kartoffeln noch lauwarm mit Schale in 1 cm breite Scheiben schneiden und zur Spinat-Dressing-Mischung geben. Alles gut unterheben und den Salat mit Salz und Pfeffer abschmecken. Dazu passt auch noch ein Rote-Bete-Salat aus dem Vorrat (siehe S. 91).

MEIN TAUSCHTIPP

Wenn es noch schneller gehen soll oder kein Spinat vorrätig ist, variiere ich dieses Rezept und mache einen lauwarmen Kartoffelsalat mit buntem Gemüse daraus. Zum Beispiel mit je 1 roten und gelben Paprikaschote, 5 Frühlingszwiebeln und 250 g Gurke: Das Gemüse putzen, waschen und in 1 cm große Würfel bzw. feine Ringe schneiden. Das Gemüse anstelle des Spinats mit dem Dressing und den Zwiebeln mischen, die Kartoffeln unterheben und den Salat mit Salz und Pfeffer würzen.

400 g Blattspinat | Salz
1 kg kleine Kartoffeln (z. B. Bamberger Hörnchen, La Ratte)
1 Gemüsezwiebel
2 TL neutrales Pflanzenöl zum Braten
250 g Cashewdressing, aufgetaut (siehe S. 140)
1 Msp. frisch geriebene Muskatnuss
schwarzer Pfeffer aus der Mühle

FÜR 4 PORTIONEN

Zubereitungszeit: 30 Min.
Pro Portion ca. 340 kcal, 12 g EW, 13 g F, 41 g KH

MIT GEBACKENEN KICHERERBSEN

BUNTER GEMÜSESALAT

MIT FERMENTIERTEN STECKRÜBEN

FÜR DIE KICHERERBSEN

1 Glas Kichererbsen (Abtropfgewicht 220 g, siehe S. 86)
1/2 TL Cayennepfeffer
2 TL neutrales Pflanzenöl
1 TL Ahornsirup*
1 EL Shoyu-Sauce* (ersatzweise Tamari- oder dunkle Sojasauce*)

FÜR DEN SALAT

2 Süßkartoffeln (500 g)
1 violette Möhre (200 g)
1 orange Möhre (200 g)
2 Pastinaken (400 g)

AUSSERDEM

350 ml Avocadosauce, aufgetaut (siehe S. 141)
6 EL fermentierte Steckrüben (180 g, siehe S. 85)
3 Stiele Basilikum
Backpapier

FÜR 4 PORTIONEN

Zubereitungszeit: 25 Min.
Backzeit: 30 Min.
Pro Portion ca. 625 kcal, 12 g EW, 38 g F, 59 g KH

1 Für die Kichererbsen den Backofen auf 200° vorheizen. Ein Backblech mit Backpapier auslegen. Die Kichererbsen in ein Sieb abgießen und mit Küchenpapier gut trocken tupfen. Mit Cayennepfeffer, Öl, Ahornsirup und Shoyu-Sauce mischen und auf einem Backblech verteilen. Die Kichererbsen im Ofen (Mitte) ca. 30 Min. backen, bis sie knusprig und goldbraun sind.

2 Inzwischen für den Salat die Süßkartoffeln, Möhren und Pastinaken schälen und grob raspeln (alternativ mit einem Sparschäler in lange Streifen schneiden). In einer großen Salatschüssel mischen.

3 Zum Servieren die Hälfte der Avocadosauce unter das Gemüse mischen und den Salat auf tiefe Schalen verteilen. Die Kichererbsen aus dem Ofen nehmen und mit den Steckrüben darüber verteilen.

4 Das Basilikum waschen, trocken tupfen, die Blätter abzupfen und in feine Streifen schneiden. Den Salat mit Basilikum bestreut servieren. Die restliche Avocadosauce in einem extra Schälchen dazu servieren.

MEINE PRAXIS- UND GENUSSTIPPS

Falls Sie den Salat einmal ins Büro mitnehmen möchten, packen Sie das vorbereitete Gemüse mit Kichererbsen (nicht gebacken!) und Steckrüben in eine Plastikbox und mischen das Dressing am besten erst kurz vor dem Essen unter. Zu diesem Salat passt übrigens auch das Cashewdressing (siehe S. 140) sehr gut!

EINGELEGTE PIMIENTOS

MILD UND KNACKIG

MIT NUSSFÜLLUNG

400 g Pimientos de Padrón (Bratpaprikaschoten, ersatzweise 300 g Kirschpaprikaschoten)
450 g gereifte Nusslaibchen (siehe S. 72, ersatzweise 250 g eingeweichte Cashewkerne und ca. 150 ml Brottrunk)
1 Bio-Limette
2 Knoblauchzehen
4 EL Hefeflocken*
1 TL Cayennepfeffer
1 TL Ahornsirup* (ersatzweise Agavendicksaft*)
1 Lorbeerblatt
3 Pimentkörner
ca. 500 ml natives Olivenöl

AUSSERDEM

Spritzbeutel
1 Twist-off-Glas (ca. 1 l Inhalt, sterilisiert)

FÜR 12 PORTIONEN

Zubereitungszeit: 40 Min.
Pro Portion ca. 260 kcal, 6 g EW, 21 g F, 11 g KH

1 Die Pimientos waschen, den Stielansatz entfernen, das Kerngehäuse mit einem kleinen Messer vorsichtig entfernen und die Pimientos auch innen waschen.

2 Die Nusslaibchen mit einer Gabel zerdrücken (ersatzweise Cashewkerne und Brottrunk sehr fein pürieren). Die Limette heiß waschen, abtrocknen, die Schale fein abreiben und den Saft auspressen. Den Knoblauch schälen und fein würfeln.

3 Limettenschale und -saft, Knoblauch, Hefeflocken, Cayennepfeffer und Ahornsirup zur Nussmasse geben und alles gut verrühren. Die Nusscreme in den Spritzbeutel füllen und die Pimientos damit bis zum Rand füllen, zum Schluss oben glatt streichen.

4 Lorbeerblatt, Pimentkörner und Pimientos vorsichtig in das Glas schichten. Dabei die Gewürze und das Lorbeerblatt am besten im unteren und mittleren Glasteil unterbringen, damit sie nicht nach oben steigen. Zum Schluss mit so viel Öl aufgießen, dass alles bedeckt ist.

5 Das Glas verschließen und die Pimientos im Kühlschrank aufbewahren. Den Glasinhalt stets mit einer sauberen Gabel entnehmen und ggf. wieder mit Öl aufgießen, damit alles bedeckt ist. Die Pimientos halten sich luftdicht verschlossen ca. 1 Woche.

KUMPIR MIT GURKE UND OLIVE

MIT DILL-REMOULADE

DA WIRD JEDER SATT!

FÜR DIE KARTOFFELN
4 große mehligkochende Kartoffeln (à 450 g)
2 EL neutrales Pflanzenöl
80 g gereifte Nusslaibchen (siehe S. 72, ersatzweise 8 EL Béchamelsauce, siehe S. 144)
4 TL Leinöl (ersatzweise natives Olivenöl)

FÜR DAS TOPPING
100 g schwarze Oliven (ohne Stein, z. B. Kalamata)
1/2 Bio-Zitrone
2 TL Ahornsirup* (ersatzweise Agavendicksaft*)
100 g Salatgurke
Salz
1 große Möhre (250 g)
2 Frühlingszwiebeln

AUSSERDEM
Salz
schwarzer Pfeffer aus der Mühle
300 g Dill-Remoulade, aufgetaut (siehe S. 138)
Backpapier

FÜR 4 PORTIONEN
Zubereitungszeit: 30 Min.
Backzeit: 1 Std.
Pro Portion ca. 570 kcal, 11 g EW, 30 g F, 64 g KH

1 Für die Kartoffeln den Backofen auf 200° vorheizen. Ein Backblech mit Backpapier auslegen. Die Kartoffeln unter fließendem Wasser gründlich abbürsten, trocken tupfen, rundum mit Pflanzenöl einreiben und auf das Blech legen. Die Kartoffeln im Ofen (Mitte) ca. 1 Std. garen, bis sie beim Hineinstechen sehr weich sind.

2 Inzwischen für das Topping die Oliven quer in Ringe schneiden. Die Zitrone heiß waschen, abtrocknen, die Schale fein abreiben und den Saft auspressen. Zitronenschale und -saft sowie Ahornsirup mit den Oliven mischen und beiseitestellen.

3 Die Gurke waschen, längs halbieren und das Kerngehäuse mit einem Löffel herauskratzen. Die Gurke quer in feine Scheiben schneiden und leicht salzen. Die Möhre schälen und fein raspeln. Die Frühlingszwiebeln putzen, waschen und schräg in feine Ringe schneiden.

4 Die gebackenen Kartoffeln aus dem Ofen nehmen und auf Teller setzen. Die Kartoffeln in der Mitte längs aufschneiden, dabei aber nicht ganz durchschneiden. Das Innere der Kartoffeln mit einem Buttermesser lockern, jeweils ein Viertel (20 g) der Nusslaibchen in eine Kartoffel geben (alternativ je 2 EL Béchamelsauce hineingeben). Das Leinöl ebenfalls in die Kartoffelmitten geben und das Innere der Kartoffeln mit Hilfe des Buttermessers gut mit Nussmasse und Öl vermengen, bis die Füllung die Konsistenz von Kartoffelpüree hat. Mit wenig Salz bestreuen.

5 Zum Servieren den Olivensalat, Gurken, Möhren und Frühlingszwiebeln auf die Kartoffeln geben, mit der Dill-Remoulade beträufeln und mit Pfeffer würzen.

LINSEN-APFEL-KRAPFEN

MIT SÜSSSAUREM CHINAKOHL

MIT FEINER SESAMSAUCE

FÜR DEN CHINAKOHL
700 g Chinakohl
2 TL Salz
1 Bund Frühlingszwiebeln
2 EL Erdnuss- oder geröstetes Sesamöl (ersatzweise neutrales Pflanzenöl)
1 EL Shoyu-Sauce* (ersatzweise Tamari- oder dunkle Sojasauce*)
4 EL Agavendicksaft* (ersatzweise Ahornsirup*)
4 EL Weißweinessig (ersatzweise naturtrüber Apfelessig*)

FÜR DIE KRAPFEN
1 kleiner Apfel
1 kleines Bund Petersilie
150 g Krapfenmix aus roten Linsen (1/2 Glas, siehe S. 125)

FÜR DIE SESAMSAUCE
1 Knoblauchzehe
120 g Tahin (Sesampaste)
60 g pflanzlicher Joghurt, ungesüßt (siehe S. 41)
1/2 TL Kurkumapaste (siehe S. 60, oder 1/4 TL Kurkumapulver)
2 TL Agavendicksaft* (ersatzweise Ahornsirup*)

AUSSERDEM
1 1/2 Bio-Limetten
Salz
schwarzer Pfeffer aus der Mühle
ca. 1 l neutrales Pflanzenöl zum Braten und Frittieren
1 TL Pul Biber (ersatzweise 1/2 TL Chiliflocken)

FÜR 4 PORTIONEN
Zubereitungszeit: 1 Std.
Pro Portion ca. 595 kcal, 19 g EW, 37 g F, 40g KH

1 Den Chinakohl längs halbieren und den Strunk keilförmig herausschneiden. Die einzelnen Blätter ablösen, waschen und trocken schleudern. Dann quer in sehr feine Streifen schneiden oder hobeln und in einer großen Schüssel mit dem Salz mischen. Die Frühlingszwiebeln putzen, waschen, quer halbieren und längs in feine Streifen schneiden.

2 Das Öl in einer Pfanne erhitzen und die Frühlingszwiebeln darin ca. 1 Min. scharf anbraten. Die Hitze auf die niedrigste Stufe reduzieren und Shoyu-Sauce, Agavendicksaft und Essig dazugießen. Die Pfanne vom Herd ziehen, die Frühlingszwiebeln gut durchschwenken und beiseitestellen, den verbliebenen Bratfond über den Chinakohl gießen und unterheben.

3 Für die Krapfen den Apfel waschen und mit Schale grob vom Kerngehäuse raspeln. Die Limetten halbieren und auspressen, 1 1/2 EL Saft abmessen und mit den Apfelraspeln verrühren. Den Rest beiseitestellen.

4 Für die Sesamsauce die Knoblauchzehe schälen. Alle Zutaten mit 50 ml Wasser in einem Standmixer oder einem hohen Rührbecher mit dem Stabmixer zu einer glatten Sauce pürieren. Mit Salz, Pfeffer und übrigem Limettensaft abschmecken. Die Sauce kühl stellen.

5 Die Petersilie waschen, trocken tupfen, die Blätter abzupfen und fein hacken. Petersilie und Apfelraspel mit dem Krapfenmix und 75 ml Wasser mischen und zu einem Teig verrühren, der leicht reißend vom Löffel fällt.

6 In einem weiten Topf 3 Finger breit Öl so lange erhitzen, bis an einem hineingehaltenen Holzstäbchen Blasen aufsteigen. Je 1 geh. EL Krapfenmasse abstechen und im Öl 2–3 Min. knusprig braun frittieren, dabei zwischendurch wenden. Die Krapfen mit einem Schaumlöffel herausheben und auf Küchenpapier abtropfen lassen. Aus der Masse nacheinander 8 Krapfen herstellen.

7 Zum Servieren den Chinakohl nochmals gut mischen und auf Teller verteilen, die Frühlingszwiebeln daraufgeben und mit Pul biber bestreuen. Jeweils 2 Krapfen und etwas Sesamsauce daneben anrichten.

LINSEN UND ÄPFEL ERGÄNZEN SICH PERFEKT, DER APFEL MACHT DIE KRAPFEN AUSSERDEM FLUFFIGER. DER LINSENMIX IST SCHON FERTIG UND WIRD HIER NUR NOCH MIT REICHLICH FRISCHEN ZUTATEN VERFEINERT.

SCHNELLE OFENNUDELN

MIT CASHEW-KNOBLAUCH-TOPPING

KLAPPT AUCH MIT FERTIG-PASTA

FÜR DIE OFENNUDELN

1 Zwiebel
50 g schwarze Oliven (ohne Stein, z. B. Kalamata)
1 mittelgroßer Zucchino
1 mittelgroße Aubergine
2 rote Paprikaschoten
500 g selbst gemachte getr. Nudeln (siehe S. 98, ersatzweise Vollkorn-Spirelli)
1 Glas Tomatenstücke (500 ml, siehe S. 84)
3 EL Sojasauce*
2 TL Agavendicksaft
4 TL gekörnte Gemüsebrühe (siehe S. 68)

FÜR DAS TOPPING

2 kleine Knoblauchzehen
1 TL Zitronensaft (ersatzweise Weißwein- oder naturtrüber Apfelessig*)
7 EL Cashewmus (100 g, siehe S. 43)
1/3 TL Salz
2 geh. EL Hefeflocken*

AUSSERDEM

1 Auflaufform (ca. 20 x 25 cm)
neutrales Pflanzenöl für die Form

FÜR 4 PORTIONEN

Zubereitungszeit: 20 Min.
Backzeit: 40 Min.
Pro Portion ca. 625 kcal, 22 g EW, 23 g F, 82 g KH

MEIN GENUSSTIPP

Dazu passt selbst gemachter Rote-Bete-Salat (siehe S. 91, 1 Glas für 4 Portionen). Dafür hebe ich die Rote Bete aus dem Glas, schmecke sie mit etwas Salz und schwarzem Pfeffer aus der Mühle ab und mische 3 EL Aceto balsamico darunter.

1 Für die Ofennudeln den Backofen auf 200° vorheizen. Die Form mit Öl fetten. Die Zwiebel schälen und fein würfeln. Die Oliven quer halbieren. Zucchino und Aubergine putzen, waschen und in Würfel schneiden. Paprika längs halbieren, entkernen, waschen und in ca. 1 cm große Stücke schneiden.

2 Zwiebel, Oliven, Gemüse und Nudeln in der Form gleichmäßig mischen und verteilen. Die gehackten Tomaten mit Sojasauce und Agavendicksaft verrühren und ebenfalls in die Form geben. 600 ml Wasser mit der Brühe verrühren und dazugießen, alles gut mischen und im Ofen (unten) in ca. 30 Min. bissfest garen.

3 Inzwischen für das Topping den Knoblauch schälen und fein hacken. Knoblauch, Zitronensaft, Cashewmus, Salz und Hefeflocken in eine Schüssel geben und mit 7 EL lauwarmem Wasser glatt rühren. Bei Bedarf noch teelöffelweise so viel Wasser dazugeben, bis die Mischung glatt ist und glänzt.

4 Die Cashewmischung nach ca. 30 Min. über dem Auflauf verteilen, dann die Backofentemperatur auf die höchste Stufe schalten (falls möglich, die Grillfunktion einschalten). Den Auflauf nochmals im Ofen (Mitte) 5–10 Min. überbacken, bis die Cashewmischung leicht gebräunt ist. Den Auflauf aus dem Ofen nehmen und vor dem Servieren kurz abkühlen lassen.

PIZZATASCHEN

MIT BOLOGNESE UND CHILI

RIESEN-
PARTYHIT!

FÜR DIE FÜLLUNG
1 kleine Zwiebel
1/2 gelbe oder rote Paprikaschote
1/2 kleine Chilischote (oder mehr nach Geschmack)
1 EL Kapern | 5 Stiele Basilikum
4 EL Hefeflocken* | 2 EL Nuss-Topping (siehe S. 137)
9 EL Pflanzendrink* (ungesüßt)
1 TL naturtrüber Apfelessig* (ersatzweise Weißweinessig oder Zitronensaft)
Salz

ZUM BESTREICHEN
2 EL Pflanzendrink* (ungesüßt, z. B. Sojadrink)
2 EL neutrales Pflanzenöl
1/2 TL Shoyu-Sauce* (ersatzweise Tamari- oder dunkle Sojasauce*)

AUSSERDEM
2 Hefeteigböden, aufgetaut (à 30 cm Ø, siehe S. 102)
150 g Gemüsebolognese, aufgetaut (siehe S. 116)
Mehl zum Arbeiten

FÜR 8 STÜCK
Zubereitungszeit: 35 Min.
Gehzeit: 2 Std. 10 Min. | Backzeit: 30 Min.
Pro Stück ca. 225 kcal, 9 g EW, 8 g F, 29 g KH

1 Die Pizzaböden 1–2 Std. vorher aus dem Kühlschrank nehmen und Raumtemperatur annehmen und gehen lassen. 1 Boden mit dem Backpapier vom Einfrieren auf ein Backblech legen. Den anderen Boden vom Backpapier lösen und auf der leicht bemehlten Arbeitsfläche mit dem Nudelholz etwas größer (auf ca. 32 cm Ø) ausrollen.

2 Für die Füllung die Zwiebel schälen und fein würfeln. Die Paprika entkernen, waschen und in feine Würfel schneiden. Die Chili entkernen, waschen und fein hacken. Kapern abtropfen lassen und hacken. Basilikum waschen, trocken tupfen, die Blätter abzupfen und hacken. Alles gut mischen. Hefeflocken mit Nuss-Topping, Pflanzendrink und Essig glatt rühren und unter das Gemüse mischen. Mit sehr wenig Salz würzen.

3 Den Backofen auf 220° vorheizen. Beide Pizzaböden mit einem scharfen Messer oder Teigroller in 8 Tortenstücke schneiden. Die Gemüsemischung auf den Teigstücken auf dem Blech verteilen, dabei rundum einen Rand von 1 cm frei lassen. Je 20 g Bolognese (ca. 2 TL) mit einem Teelöffel vorsichtig auf das Gemüse geben. Die übrigen Teigstücke auf die Füllung legen, die Teigränder leicht andrücken und rundum nach unten einschlagen, sodass Pizzataschen entstehen.

4 Die Pizzataschen mit einem spitzen Messer einstechen und zugedeckt an einem warmen Ort ca. 10 Min gehen lassen. Inzwischen Pflanzendrink, Öl und Shoyu-Sauce zu einer Glasur verquirlen.

5 Dann die Pizzataschen vorsichtig mit 1 EL Glasur bestreichen und im Ofen (Mitte) in ca. 30 Min. goldbraun backen. Dabei nach Belieben nach ca. 15 Min. nochmals mit der Glasur bestreichen. Aus dem Ofen nehmen und vor dem Servieren kurz abkühlen lassen.

MEIN EXTRATIPP
Die Pizzataschen lassen sich mit nur einem Pizzaboden natürlich auch ganz leicht zur klassischen Pizza machen. Die benötigt dann zum Backen allerdings nur 20 Min. bei 220° im Backofen.

DIE PIZZATASCHEN KANN MAN AUCH VORBEREITEN UND SPÄTER FERTIG BACKEN. DAZU DEN HEFETEIG FRISCH ANSETZEN, DIE TASCHEN 10 MIN. IM OFEN VORBACKEN, ABKÜHLEN LASSEN UND EINFRIEREN. DIE TIEFGEKÜHLTEN TASCHEN 30 MIN. BEI 200° FERTIG BACKEN.

SCHNELLE KRÄUTERRÖSTI

MIT TOMATENSALAT UND ROSMARINGEMÜSE

KROSS UND KNUSPRIG

FÜR DAS GEMÜSE
500 g gelbe oder grüne Zucchini
200 g gelbe oder rote Paprikaschoten
4 Zweige Rosmarin
2 TL neutrales Pflanzenöl zum Braten
1 TL Salz
schwarzer Pfeffer aus der Mühle.

FÜR DEN SALAT
500 g Kirschtomaten (ersatzweise Roma-Tomaten)
1 kleine rote Zwiebel
1 TL Salz
1 EL Agavendicksaft*
1 Bio-Zitrone

AUSSERDEM
8 tiefgekühlte Kräuter-Kartoffel-Rösti (siehe S. 118)
Backpapier

FÜR 4 PORTIONEN
Zubereitungszeit: 30 Min.
Backzeit: 30 Min.
Pro Portion ca. 495 kcal, 13 g EW, 9 g F, 86 g KH

1 Den Backofen auf 180° vorheizen. Ein Backblech mit Backpapier auslegen und die tiefgekühlten Rösti darauflegen. Im Ofen (Mitte) 25–30 Min. backen, bis sie goldbraun und auch in der Mitte heiß sind.

2 Inzwischen für das Gemüse die Zucchini putzen, waschen, längs vierteln, ggf. das Kerngehäuse entfernen und die Viertel in 1 cm breite Stücke schneiden. Die Paprika längs halbieren, entkernen, waschen und in 1 cm große Stücke schneiden. Den Rosmarin waschen, trocken tupfen, die Nadeln abzupfen und fein hacken.

3 Für den Salat die Tomaten waschen und quer in 5 mm breite Scheiben schneiden. Die Zwiebel schälen und fein würfeln. Tomaten und Zwiebel mit Salz und Agavendicksaft mischen. Die Zitrone heiß waschen, abtrocknen, die Schale fein abreiben und den Saft auspressen. Beides zum Tomatensalat geben, bis zum Servieren kühl stellen.

4 Die Zucchini in einer Pfanne im Öl 1–2 Min. scharf anbraten, bis die Ränder braun werden. Paprika, Salz und Rosmarin dazugeben und alles ca. 1 Min. unter Rühren weiterbraten, dann die Pfanne vom Herd ziehen und alles mit Pfeffer würzen.

5 Je 2 Rösti auf einen Teller legen. Das Rosmaringemüse daraufsetzen und mit dem Tomatensalat servieren.

COUSCOUS-BOWL

MIT GEBACKENEM TOFU

MACHT WAS HER

FÜR DEN TOFU

600 g Naturtofu*
60 g BBQ-Würzpaste (siehe S. 132, ersatzweise 1 geh. EL BBQ-Gewürz + 2 EL Öl)
4 EL Würzsauce »Worcester-Style« (siehe S. 136, ersatzweise vegane Worcester-Sauce)
2 TL Ahornsirup*
4 EL Shoyu-Sauce* (ersatzweise Tamari- oder dunkle Sojasauce*)

FÜR DEN COUSCOUS

340 g Couscous-Mix (siehe S. 127)
2 Knoblauchzehen
je 1 gelbe und rote Paprikaschote
1/2 Salatgurke | 1 kleine Bio-Limette

AUSSERDEM

6 Stiele Minze | 1 kleiner Granatapfel
4 EL fermentierte Steckrüben (siehe S. 85)
400 g Rote-Bete-Salat (siehe S. 91)
250 ml Hausgemachtes Ketchup (Sweet-Chili oder BBQ, siehe S. 130)
Backpapier

FÜR 4 PORTIONEN

Zubereitungszeit: 35 Min.
Gefrierzeit: mind. 6 Std. oder über Nacht
Auftauzeit: 2 Std. | Backzeit: 25 Min.
Pro Portion ca. 625 kcal, 31 g EW, 17 g F, 84 g KH

1 Am Vortag den Tofu in der Verpackung mind. 6 Std. oder über Nacht in das Tiefkühlgerät legen. Am nächsten Tag den Tofu wieder herausnehmen und in ca. 2 Std. auftauen lassen (siehe Tipp).

2 Den Backofen auf 220° vorheizen. Ein Backblech mit Backpapier auslegen. Den aufgetauten Tofu vorsichtig zwischen den Handflächen auspressen, bis kaum noch Wasser entweicht. Anschließend mit Küchenpapier trocken tupfen. Den Tofu längs in 16 Scheiben schneiden und auf dem Backblech verteilen. Die BBQ-Würzpaste mit den übrigen Zutaten für den Tofu glatt rühren und die Tofuscheiben damit bestreichen. Den Tofu im Ofen (Mitte) in 20–25 Min. knusprig backen.

3 Inzwischen für den Couscous in einem Topf 750 ml Wasser zum Kochen bringen. Den Couscous-Mix in einer Schüssel mit dem kochenden Wasser aufgießen, umrühren und zugedeckt ca. 10 Min. quellen lassen.

4 Währenddessen den Knoblauch schälen und fein würfeln. Die Paprika längs halbieren, entkernen, waschen und in 1 cm große Stücke schneiden. Die Gurke waschen und in 1 cm große Würfel schneiden. Die Limette auspressen. Minze waschen, trocken tupfen, die Blätter abzupfen und in feine Streifen schneiden. Den Granatapfel halbieren und die Kerne herausklopfen (siehe Tipp S. 55).

5 Den gequollenen Couscous ausdampfen lassen und Knoblauch, Gemüsewürfel und Limettensaft hinzufügen. Alles gut verrühren und in tiefe Teller oder Schalen setzen. Je 4 Scheiben Tofu, 1 EL Steckrübenwürfel und etwas Rote-Bete-Salat daneben anrichten. Mit Minze und Granatapfelkernen bestreut servieren. Das Ketchup in einer kleinen Schale dazu reichen.

MEIN PRAXISTIPP

Wenn es schnell gehen muss, können Sie das Einfrieren des Tofus auch überspringen. Allerdings hat dieser Schritt durchaus positiven Einfluss auf den Geschmack. Denn durch das Einfrieren und anschließende Auftauen löst sich das Wasser besser aus dem Tofu, er wird poröser und nimmt die Marinade besser auf.

GEFÜLLTE CHAMPIGNONS

MIT GEBRATENEM ZWIEBELBROKKOLI

FEINES FÜR GÄSTE

FÜR DIE CHAMPIGNONS
4 große Champignons (à 80 g, Ø ca. 9 cm)
1 vorwiegend festkochende Kartoffel (150 g)
1 Stange Staudensellerie
1 1/2 EL neutrales Pflanzenöl zum Braten
3 EL Chilibohnen (170 g, siehe S. 92)

FÜR DIE GRATINIERMASSE
6 Stiele Petersilie
5 EL Nuss-Topping (70 g, siehe S. 137)
2 EL Pflanzensahne* zum Kochen

FÜR DEN BROKKOLI
1 großer Brokkoli | 2 leicht geh. TL Salz
2 TL neutrales Pflanzenöl zum Braten

AUSSERDEM
2 rote Zwiebeln
Salz | schwarzer Pfeffer aus der Mühle
250 ml helle Sauce, aufgetaut (siehe S. 145)
Backpapier

FÜR 4 PORTIONEN
Zubereitungszeit: 45 Min.
Backzeit: 25 Min.
Pro Portion ca. 420 kcal, 14 g EW, 32 g F, 19 g KH

1 Für die Champignons die Pilze putzen, bei Bedarf abreiben und den Stiel entfernen. Die Kartoffel schälen und in 5 mm große Würfel schneiden. Den Sellerie putzen, waschen und in feine Scheiben schneiden.

2 Für die Gratiniermasse die Petersilie waschen, trocken tupfen, die Blätter abzupfen und fein hacken. Mit Nuss-Topping, Pflanzensahne und 2 EL Wasser glatt rühren.

3 Für den Brokkoli in einem großen Topf 1 1/2 l Wasser aufkochen. Den Brokkoli putzen, waschen und in Röschen teilen. Den Strunk schälen und in feine Scheiben schneiden. Das Wasser salzen und die Brokkolischeiben darin ca. 3 Min. sprudelnd kochen. Die Röschen dazugeben und 1 weitere Min. garen. Mit einem Schöpflöffel herausheben, kalt abschrecken und gut abtropfen lassen.

4 Den Backofen auf 200° vorheizen. Ein Backblech mit Backpapier auslegen. Die Zwiebeln schälen und halbieren. 3 Zwiebelhälften in feine Scheiben schneiden, den Rest fein würfeln. In einer Pfanne 1 EL Öl erhitzen und die Pilzköpfe darin von jeder Seite ca. 1 Min. scharf anbraten, dann mit der Stielseite nach oben auf das Blech setzen. Die Kartoffelwürfel in der Pfanne im übrigen Öl ca. 3 Min. scharf anbraten. Sellerie und Zwiebelwürfel dazugeben, die Pfanne vom Herd ziehen und die Chilibohnen unterheben, mit Salz und Pfeffer würzen.

5 Pilze innen salzen und pfeffern, mit der Kartoffel-Bohnen-Mischung füllen. Die Gratiniermasse darauf verteilen, die Pilze im Ofen (Mitte) ca. 25 Min. backen.

6 Nach ca. 15 Min. Backzeit der Pilze das Öl in der Pfanne erhitzen und Brokkoli und Zwiebelscheiben darin bei mittlerer Hitze rundum ca. 5 Min. anbraten. Die helle Sauce in einem Topf leicht erwärmen. Das Gemüse auf Teller verteilen und mit Sauce und Pilzen servieren.

MEIN TAUSCHTIPP

Um Zeit zu sparen, können Sie auf Ihren TK-Gemüseschatz zurückgreifen. Anstelle des Brokkolis 1 Portion Tiefkühl-Gemüsemix (siehe S. 128, 1 x 3-l-Beutel) über Nacht im Kühlschrank auftauen lassen. Auch die helle Sauce bereits einige Stunden vorher im Kühlschrank auftauen lassen.

GEBRATENE SEMMELKNÖDEL

MIT PFIFFERLINGEN UND SÜSSKARTOFFEL-WEDGES

MIT DATTEL-SENF-DIP

FÜR DIE SÜSSKARTOFFELN
600 g Süßkartoffeln
1 TL Salz
2 Zimtstangen
2 Sternanise
4 Lorbeerblätter

FÜR DIE PFIFFERLINGE
300 g Pfifferlinge
2 mittelgroße Lauchstangen
1/2 TL Salz
1 TL getr. rote Pfefferbeeren (Schinus)
2 EL milder Weißweinessig (ersatzweise naturtrüber Apfelessig*)
1 EL Ahornsirup* (ersatzweise Agavendicksaft*)
2 EL Kürbiskernöl

FÜR DEN DIP
50 g Cashewkerne
3 EL natives Olivenöl
2 EL mittelscharfer Senf
2 Medjool-Datteln (ohne Stein)
1 Msp. Kala Namak* (ersatzweise Salz)
1 TL Weißweinessig

AUSSERDEM
1 Semmelknödel (720 g, siehe S. 112)
5 EL neutrales Pflanzenöl zum Braten
Backpapier

FÜR 4 PORTIONEN
Zubereitungszeit: 40 Min.
Backzeit: 25 Min.
Pro Portion ca. 760 kcal, 16 g EW, 46 g F, 70 g KH

1 Für die Süßkartoffeln den Backofen auf 200° vorheizen. Ein Backblech mit Backpapier auslegen. Die Süßkartoffeln schälen, längs in 1 cm breite Spalten schneiden und auf dem Blech verteilen. 2 EL Öl, 3 EL Wasser, 1 TL Salz und die übrigen Gewürze hinzufügen und alles gut mischen. Die Spalten gleichmäßig verteilen und im Ofen (Mitte) ca. 15 Min. backen.

2 Inzwischen den Semmelknödel aus dem Glas stürzen und quer in 4 Scheiben schneiden. Die Scheiben in einer Pfanne in 2 EL Öl von beiden Seiten scharf anbraten, bis sie rundum goldbraun sind. Dann zu den Süßkartoffeln auf das Backblech legen, die Backofentemperatur auf 180° reduzieren und alles in 10 Min. fertig backen. Die Süßkartoffeln sollen dann innen weich und außen schön gebräunt sein.

3 Für die Pfifferlinge währenddessen die Pilze putzen und bei Bedarf mit einem Tuch abreiben, größere Exemplare längs halbieren. Den Lauch putzen, waschen und in hauchdünne Ringe schneiden.

4 In einer Pfanne das übrige Öl erhitzen und die Pilze darin unter Rühren 2–3 Min. rundum scharf anbraten. Den Lauch dazugeben, die Pfanne vom Herd ziehen und die übrigen Zutaten für die Pfifferlinge unterheben. Bis zum Servieren warm halten.

5 Die Zutaten für den Dip mit 150 ml Wasser im Standmixer oder in einem hohen Rührbecher mit dem Stabmixer zu einer glatten Masse pürieren.

6 Zum Servieren Süßkartoffeln und Knödel aus dem Ofen nehmen. Die Semmelknödel auf Teller verteilen, das Pfifferling-Lauch-Gemüse mit Marinade darübergeben und die Süßkartoffeln danebenlegen. Den Dip extra dazu servieren.

PILZ-MANGOLD-RAVIOLI

MIT GERÖSTETEM KÜRBIS-APFEL-SALAT

MIT SAUCE HOLLANDAISE

FÜR DEN SALAT

600 g Hokkaido-Kürbis (ersatzweise Butternusskürbis)
2 EL neutrales Pflanzenöl zum Braten
Salz | 1 rote Zwiebel
je 1 Bund Petersilie und Dill
60 ml Leinöl (ersatzweise natives Olivenöl)
4 EL Weißweinessig
2 TL Agavendicksaft*
1 TL mittelscharfer Senf
2 mittelgroße süßsäuerliche Äpfel
(z. B. Pink Lady oder Cox Orange)
schwarzer Pfeffer aus der Mühle

FÜR DIE SAUCE HOLLANDAISE

1 Bio-Zitrone
4 EL weißes Mandelmus* (ersatzweise Cashewmus, siehe S. 43)
6 EL Hefeflocken*
1 TL Pfeilwurzelstärke*
1 TL Kala Namak* (ersatzweise Salz, siehe Tipp)
1 EL Agavendicksaft* (ersatzweise Ahornsirup*)
5 leicht geh. EL gekörnte Gemüsebrühe (siehe S. 68)

AUSSERDEM

20 tiefgekühlte Pilz-Mangold-Ravioli
(siehe S. 100, 1/2 Rezept)
Backpapier

FÜR 4 PORTIONEN

Zubereitungszeit: 30 Min.
Backzeit: 20 Min.
Pro Portion ca. 730 kcal, 18 g EW, 45 g F, 65 g KH

1 Für den Salat den Backofen auf 200° vorheizen. Ein Backblech mit Backpapier auslegen. Den Kürbis waschen, vierteln und Kerne und Fasern herauskratzen (den Butternusskürbis auch schälen). Den Kürbis samt Schale in ca. 2 cm große Stücke schneiden und auf dem Blech mit Öl und 1 TL Salz mischen. Im Ofen (Mitte) ca. 20 Min. backen, bis der Kürbis gar, aber noch bissfest ist.

2 Inzwischen die Zwiebel schälen und fein würfeln. Die Kräuter waschen, trocken tupfen, die Blätter bzw. Spitzen abzupfen (einige schöne Exemplare zum Garnieren beiseitelegen) und fein hacken. Zwiebelwürfel, Kräuter, Leinöl, Essig, Agavendicksaft, Senf und 5 EL Wasser glatt rühren. Die Äpfel waschen, vierteln, entkernen und in feine Scheiben schneiden. Die Apfelscheiben unter das Dressing heben.

3 In einem weiten Topf 2 l Wasser zum Sieden bringen, die noch tiefgekühlten Ravioli hineingeben und zugedeckt 6–7 Min. ziehen lassen. Das Wasser darf nicht mehr kochen! Die Ravioli mit einem Schaumlöffel herausheben und gut abtropfen lassen, warm halten.

4 Währenddessen für die Sauce hollandaise die Zitrone heiß waschen, abtrocknen, die Schale fein abreiben und den Saft auspressen. Zitronenschale und -saft mit den übrigen Zutaten und 600 ml Wasser in einem Topf unter Rühren erhitzen, vom Herd ziehen und mit dem Stabmixer glatt pürieren, dabei leicht aufschäumen.

5 Den Kürbis aus dem Ofen nehmen, kurz abkühlen lassen und unter die Apfel-Dressing-Mischung heben. Den Salat mit Salz und Pfeffer würzen.

6 Zum Servieren den lauwarmen Salat auf Teller verteilen, jeweils 5 Ravioli daraufsetzen und etwas Sauce hollandaise dazugießen. Mit den beiseitegelegten Kräutern garnieren.

EIN GERICHT, FÜR DAS SIE NORMALERWEISE LOCKER 1 1/2 STD. KOCHZEIT
EINRECHNEN MÜSSTEN. MIT IHREM VORRAT GEHT'S IN 30 MIN. – GARANTIERT!

SCHOKO-SHAKE

MIT HASELNUSS

PERFEKT FÜR DEN SÜSSHUNGER! DIESER SHAKE IST REICHHALTIG UND KOMMT BEI MIR IM SOMMER ÖFTER MAL ANSTELLE VON KUCHEN AUF DEN KAFFEETISCH.

500 ml Pflanzendrink* nach Wahl
2 geh. EL Haselnusscreme (siehe S. 42, ersatzweise 2 EL Nussmus* + 2 TL Kakaopulver)
1 Msp. Cayennepfeffer (nach Geschmack)
16 Coldbrew-Kaffee-Eiswürfel (siehe S. 63)
Ahornsirup* zum Nachsüßen (nach Belieben)

FÜR DAS TOPPING

5 EL Haselnusskerne
30 g Zartbitterschokolade (siehe S. 44, ersatzweise vegane Zartbitterkuvertüre*)

FÜR 4 SHAKES

Zubereitungszeit: 25 Min.
Pro Portion ca. 280 kcal, 10 g EW, 16 g F, 22 g KH

1 Für das Topping die Haselnüsse in einer beschichteten Pfanne ohne Fett anrösten, bis sie duften und gebräunt sind. Die Nüsse herausnehmen, abkühlen lassen und fein hacken. Die Kuvertüre in feine Streifen schneiden oder hobeln. Beiseitestellen.

2 Den Pflanzendrink mit Haselnusscreme, Cayennepfeffer, Kaffee-Eiswürfeln und nach Belieben mit Ahornsirup in einen Standmixer füllen und auf höchster Stufe in ca. 30 Sek. glatt pürieren. Den Shake in Gläser füllen, mit gehackten Nüssen und Schokospänen garnieren und sofort servieren.

MEIN GENUSSTIPP

Die Coldbrew-Kaffee-Eiswürfel verwende ich auch, um eine schnelle Softeiscreme zu würzen. Dafür 2 Handvoll (ca. 125 g) gefrorene Früchte (z. B. Beeren, Bananenscheiben) bei Raumtemperatur ca. 10 Min. antauen lassen und dann mit 4 Coldbrew-Eiswürfeln und 5 EL Pflanzendrink oder -sahne im Standmixer oder Blitzhacker fein pürieren. Die Eiscreme sofort servieren. (Alternativ nochmals ca. 10 Min. im Tiefkühlgerät gefrieren, falls sie bei der Herstellung zu warm geworden ist.)

HANF-SHAKE

MIT HIMBEEREN

WENN ICH EIN KLEINES TIEF BEIM ARBEITEN HABE, VERSORGT MICH DIESER SHAKE MIT SCHNELLER ENERGIE. DIE ZARTE KAFFEENOTE KITZELT DEN GAUMEN.

1 Die Hanfsamen und Cashewkerne mit den Kaffee-Eiswürfeln und 500 ml Wasser in einen Standmixer geben und ca. 1 Min. fein pürieren. Die Himbeeren verlesen, waschen und trocken tupfen (TK-Ware auftauen lassen).

2 Die Himbeeren zum Shake geben und alles nochmals fein pürieren. Den Shake nach Belieben mit Agavendicksaft nachsüßen, in die Gläser füllen und servieren.

MEIN TAUSCHTIPP

Mit 150 g gekochtem Hokkaido-Kürbis und 1 1/2 TL Zimtpulver wird daraus ein heißer Herbstdrink. Geben Sie dazu für 4 Portionen alle Zutaten, die Eiswürfel und 700 ml heißes Wasser in den Standmixer, mixen alles gut durch und dekorieren mit gerösteten Kokoschips.

8 geh. EL geschälte Hanfsamen*
4 geh. EL Cashewkerne
16 Coldbrew-Kaffee-Eiswürfel (siehe S. 63)
250 g Himbeeren (frisch oder TK)
Agavendicksaft* zum Nachsüßen (nach Belieben, ersatzweise Ahornsirup*)

FÜR 4 SHAKES À 230 ML
Zubereitungszeit: 10 Min.
Pro Portion ca. 350 kcal, 12 g EW, 10 g F, 38 g KH

NUSS-MÖHREN-MUFFINS

ERFRISCHEND FRUCHTIG

MIT ZITRONENQUARK

500 g Cashewjoghurt (siehe S. 41, ersatzweise Sojajoghurt oder Joghurt auf Kokosbasis)
100 g Möhren
1 Bio-Zitrone
2 EL Cashewmus (siehe S. 43, ersatzweise Mandelmus*)
1 süßer Nussmix für Muffins (siehe S. 34)
9 EL Ahornsirup*
1/2 TL Bourbon-Vanillepulver

AUSSERDEM
1 12er-Muffinblech
neutrales Pflanzenöl für das Blech
180 g Konfitüre (z. B. Himbeer- oder Rhabarber-Vanille)
einige Melisseblätter oder unbehandelte Zitronenzesten zum Garnieren (nach Belieben)

FÜR 12 STÜCK
Zubereitungszeit: 25 Min.
Abtropfzeit: 24 Std. oder über Nacht
Quellzeit: 1 Std. 30 Min.
Backzeit: 35 Min.
Pro Stück ca. 175 kcal, 3 g EW, 7 g F, 23 g KH

1 Am Vortag ein feines Sieb mit Küchenpapier auslegen und in eine entsprechend große Schüssel hängen. Den Joghurt in das Sieb geben und zugedeckt ca. 24 Std. oder über Nacht im Kühlschrank abtropfen lassen.

2 Am nächsten Tag die Möhren schälen und sehr fein reiben. Die Zitrone heiß waschen, abtrocknen, die Schale fein abreiben und den Saft von 1/2 Zitrone auspressen. Das Cashewmus mit 350 ml warmem Wasser verquirlen und mit dem süßen Nussmix, 5 EL Ahornsirup und der Hälfte der Zitronenschale zu den Möhren geben. Alles gut vermischen.

3 Die Mulden des Muffinblechs leicht fetten, die Masse in die Mulden verteilen und andrücken. Dabei über den Rand stehenden Teig jeweils zu einer Kuppel formen und die Oberfläche mit angefeuchteten Fingern glatt streichen. Die Muffins ca. 1 Std. 30 Min. quellen lassen. Anschließend im Ofen (Mitte) bei 160° (Umluft empfohlen) ca. 35 Min. hellbraun backen.

4 Inzwischen den abgetropften Joghurt in einer Schüssel mit Vanille, dem restlichen Ahornsirup, der übrigen Zitronenschale und dem Zitronensaft glatt rühren.

5 Die Muffins aus dem Ofen nehmen, lauwarm abkühlen lassen und zum Servieren mit jeweils 1 TL Konfitüre bestreichen. Den Zitronenquark auf den Muffins und nach Belieben mit Melisse oder Zitronenzesten garniert sofort servieren.

MEIN PRAXISTIPP

Wenn Sie die Muffins nicht alle auf einmal essen möchten, geben Sie das Topping am besten noch nicht darauf. Die ungarnierten Muffins halten sich im Brottopf oder einer Plastikbox mit nicht ganz aufgelegtem Deckel bis zu 8 Tage. Besonders lecker sind sie, wenn sie vor dem Servieren und Bestreichen nochmals auf dem Brötchenrost des Toasters (auf höchster Stufe) von beiden Seiten getoastet werden.

AUS SELBST GEMACHTEM HEFETEIG

APFELTARTE

MIT VANILLE-KOKOS-SAUCE

FÜR DEN BELAG
2 süßsäuerliche Äpfel (à 150 g, z. B. Pink Lady, Braeburn oder Elstar)
3 EL Ahornsirup*
1/2 TL Bourbon-Vanillepulver
1 TL Zimtpulver
1 EL Albaöl* (ersatzweise Kürbiskernöl)
3 EL Pistazienkerne (50 g)

FÜR DIE SAUCE
400 ml Pflanzendrink* (z. B. Soja-, Kokos- oder Nussdrink)
3 EL DIY-Kokospuddingpulver (siehe S. 36)
1 EL Ahornsirup* zum Nachsüßen (nach Belieben, ersatzweise Agavendicksaft*)

AUSSERDEM
1 tiefgekühlter Hefeteigboden (siehe S. 102)
1 Tarte- oder Springform (Ø 28 cm)
neutrales Pflanzenöl für die Form

FÜR 1 TARTE (8 STÜCKE)
Zubereitungszeit: 35 Min.
Auftauzeit: 12 Std. oder über Nacht
Backzeit: 16 Min.
Pro Stück ca. 180 kcal, 5 g EW, 6 g F, 26 g KH

MEIN EXTRATIPP

Bourbon-Vanillepulver besteht aus getrockneter, gemahlener Bourbon-Vanilleschote. Verwendet werden dazu die Schoten und das Mark. Erhältlich im Bioladen und Supermarkt, lässt sich aus getrockneten Schoten aber auch ganz leicht selbst machen (siehe S. 15).

1 Am Vortag Pizzaboden in den Kühlschrank legen und 12 Std. oder über Nacht auftauen lassen.

2 Am nächsten Teig den Backofen auf 170° vorheizen. Die Form leicht fetten, den Hefeteigboden hineinlegen und den Rand ca. 1 1/2 cm hochziehen.

3 Für den Belag die Äpfel waschen, halbieren, entkernen und die Hälften in 3–4 mm dicke Scheiben schneiden. Den Boden mit einer Gabel mehrmals einstechen und im Ofen (Mitte) ca. 3 Min. vorbacken. Dann herausnehmen und die Backofentemperatur auf 220° erhöhen.

4 Ahornsirup, Vanille, Zimt und Öl glatt rühren und auf dem Boden gut verstreichen. Die Apfelscheiben schuppenförmig darauf verteilen, dabei außen beginnen und die Scheiben wie ein Schneckengehäuse nach innen verarbeiten. Zum Schluss die Pistazien grob hacken und auf der Tarte verteilen. Den Kuchen im Ofen (Mitte) 10–13 Min backen, bis der Rand knusprig ist.

5 Inzwischen für die Sauce vom Pflanzendrink 6 EL abnehmen und mit der Puddingmischung glatt rühren. Den übrigen Pflanzendrink aufkochen und das Stärkegemisch unter Rühren hinzufügen. Alles noch ca. 1 Min. unter Rühren weiterköcheln lassen, dann vom Herd ziehen. Nach Belieben mit Ahornsirup nachsüßen.

6 Die Apfeltarte aus dem Ofen nehmen und kurz abkühlen lassen, dann am besten noch lauwarm servieren. Die Vanille-Kokos-Sauce extra dazu reichen.

WENN DER SÜSSE HUNGER KOMMT, WIRD AUS EINEM GEFRORENEN PIZZABODEN GANZ SCHNELL EINE APFELTARTE. NACH LUST UND LAUNE EIGNET SICH GENAUSO DER SÜSSE HEFETEIG VON S. 28 FÜR DIE TARTE. STATT ALBAÖL PASST AUCH KÜRBISKERNÖL UND SORGT FÜR FARBE.

SÜSSE HIRSE MIT PFLAUMEN

UND SCHNELLER VANILLESAUCE

WINTERLICH GEWÜRZT

FÜR DIE HIRSE
200 g Goldhirse (ersatzweise Vollkornhirse)
400 ml Pflanzendrink*
6 EL Agavendicksaft*
1 TL Bourbon-Vanillepulver
1 geh. TL Lebkuchengewürz (ersatzweise Spekulatiusgewürz)
1/3 TL Zimtpulver

FÜR DIE SAUCE
3 geh. EL Cashewmus (90 g, siehe S. 43, ersatzweise 100 g über Nacht eingeweichte Cashewkerne)
1 TL Bourbon-Vanillepulver
3-4 EL Ahornsirup*

AUSSERDEM
25 g Pistazienkerne
2 Gläser Pflaumenkompott (à 250 ml, siehe S. 56 und Tipp)
einige Blätter Zitronenmelisse zum Garnieren

FÜR 4 PORTIONEN
Zubereitungszeit: 25 Min.
Pro Portion ca. 585 kcal, 14 g EW, 17 g F, 92 g KH

MEINE TAUSCHTIPPS

Dieses Rezept steht exemplarisch für die unendlichen Möglichkeiten, die Ihnen selbst eingekochtes Obst bietet. Probieren Sie das Rezept doch auch mal mit den eingekochten Birnen von S. 57. Im Sommer, wenn die Rhabarbersaison vorbei ist, toppe ich die Hirse auch gern mit meiner Rhabarber-Vanille-Konfitüre (siehe S. 53). Anstelle von Spekulatiusgewürz und Zimt verwende ich zum Würzen der Hirse als Abwechslung auch mal die abgeriebene Schale von 1 Bio-Zitrone und gebe 4 EL Kokosraspel dazu.

1 Für die Hirse die Körner in einem Sieb heiß abspülen, kurz abtropfen lassen und mit den übrigen Zutaten für die Hirse zugedeckt in einem Topf aufkochen. Dann die Hitze zurückschalten und die Hirse zugedeckt bei schwacher Hitze 7–10 Min. quellen lassen.

2 Inzwischen die Pistazien in einer beschichteten Pfanne ohne Fett leicht rösten, bis sie duften. Herausnehmen, abkühlen lassen, fein hacken und beiseitestellen.

3 Für die Sauce das Cashewmus mit Vanille und Ahornsirup im Standmixer auf höchster Stufe schaumig mixen. (Bei Verwendung von ganzen Nüssen das Einweichwasser abtropfen lassen, die Nüsse nochmals abspülen und wie beschrieben mixen.)

4 Das Pflaumenkompott in einem Topf erwärmen (alternativ die Gläser über dem Wasserbad aufwärmen). Die Hirse auf tiefe Teller verteilen, das Pflaumenkompott darübergeben und die Vanillesauce danebengießen. Mit Zitronenmelisse und Pistazien garniert servieren.

VOLLKORNHÖRNCHEN

MIT MARONEN-SCHOKO-FÜLLUNG

AUS TIEF-GEKÜHLTEM HEFETEIG

FÜR DIE FÜLLUNG

50 g gegarte Maronen (vakuumverpackt)
100 g Haselnusscreme (siehe S. 42)
3 EL Pflanzendrink*

AUSSERDEM

425 g tiefgekühlter süßer Hefeteig (siehe S. 28)
Mehl zum Arbeiten
Backpapier

FÜR 8 STÜCK

Zubereitungszeit: 15 Min.
Auftauzeit: 5 Std.
Gehzeit: 2 Std. 10 Min.
Backzeit: 20 Min.
Pro Stück ca. 185 kcal, 5 g EW, 6 g F, 27 g KH

1 Den tiefgekühlten Hefeteig ca. 5 Std. vorher zum Auftauen in den Kühlschrank legen. 2 Std. vor Backbeginn aus dem Kühlschrank nehmen und zugedeckt an einem warmen Ort auf das doppelte Volumen aufgehen lassen.

2 Inzwischen für die Füllung alle Zutaten im Standmixer oder in einem hohen Rührbecher mit dem Stabmixer zu einer glatten Masse pürieren und bis zur Verwendung zugedeckt beiseitestellen.

3 Den Backofen auf 170° vorheizen. Ein Backblech mit Backpapier auslegen. Den Teig auf der leicht bemehlten Arbeitsfläche mit dem Nudelholz zu einem Rechteck (ca. 30 x 40 cm) ausrollen. Mit einem Teigroller oder Messer zuerst längs, dann quer halbieren, so dass 4 Rechtecke entstehen. Die Rechtecke nochmals schräg halbieren, so dass 8 Dreiecke entstehen.

4 Jeweils 1 geh. TL Füllung auf die breite Seite der Dreiecke geben und verstreichen, dabei zu den Rändern 1 1/2 cm Abstand halten. Die Dreiecke von der breiten Seite her aufrollen und die Hörnchen zu Halbmonden formen.

5 Die Hörnchen auf der Nahtseite auf das Blech setzen und zugedeckt noch ca. 10 Min. gehen lassen. Dann die Hörnchen im Ofen (Mitte) ca. 20 Min. backen, bis sie gut aufgegangen und goldbraun sind. Aus dem Ofen nehmen und vor dem Servieren kurz abkühlen lassen.

MEIN PRAXISTIPP

Die Hörnchen lassen sich auch einfrieren, dazu sollte der Hefeteig allerdings frisch hergestellt sein. Bereiten Sie den Teig wie auf S. 28 zu. Für 8 Hörnchen benötigen Sie ein Viertel der Zutaten. Den Teig nach dem Kneten nicht gehen lassen, sondern sofort ausrollen und zu Hörnchen verarbeiten. Die Hörnchen einzeln einfrieren und anschließend in einen Gefrierbeutel (3 l Inhalt) umpacken. Zum Aufbacken aus dem Tiefkühlgerät nehmen und zugedeckt an einem warmen Ort ca. 2 Std. auftauen bzw. gehen lassen. Dann wie beschrieben backen.

KLEINE SCHMUCKSTÜCKE

HASELNUSSPRALINEN

MIT SCHOKOCREMEFÜLLUNG

120 g Zartbitterschokolade (siehe S. 44, ersatzweise vegane Zartbitterkuvertüre*)
12 Haselnusskerne
80 g Haselnusscreme (siehe S. 42)
1 EL Pflanzendrink*

AUSSERDEM

1 Spritzbeutel mit kleiner Lochtülle
Pralinenform aus Silikon mit 12 Mulden
1 Pralinengitter
1 lange Palette

FÜR 12 PRALINEN

Zubereitungszeit: 50 Min.
Kühlzeit: mind. 3 Std.
Pro Stück ca. 95 kcal, 2 g EW, 7 g F, 5 g KH

1 Die Schokolade fein hacken und über dem Wasserbad schmelzen. Inzwischen die Nüsse in einer beschichteten Pfanne ohne Fett anrösten. Herausnehmen und abkühlen lassen. Die Haselnusscreme mit dem Pflanzendrink über dem Wasserbad erwärmen und glatt rühren. Die Masse in den Spritzbeutel füllen und beiseitestellen.

2 Das Pralinengitter auf einen ausreichend großen Teller stellen. Die Pralinenform auf das Gitter setzen und die Mulden vollständig mit der flüssigen Schokolade füllen. Die Form mit einer schnellen Bewegung auf den Kopf drehen, auf dem Gitter ablegen und die flüssige Schokolade kurz abtropfen lassen (siehe Foto S. 187).

3 Dann die Form wieder zurückdrehen und mit Hilfe der Palette die überflüssige Schokolade an den Rändern der Mulden gerade abstreifen. Die Form ca. 2 Min. in das Tiefkühlgerät stellen.

4 Inzwischen die Schokolade vom Abtropfteller zurück zur restlichen Schokolade geben, bei Bedarf nochmals schmelzen. Den gesamten Vorgang einmal wiederholen, damit die Schokoschicht dicker ist, und auf diese Weise 12 Pralinenhohlkörper herstellen.

5 Die Haselnusscreme mit Hilfe des Spritzbeutels in die Schokomulden verteilen, dabei jede Mulde etwa zu zwei Dritteln füllen. Jeweils 1 Haselnusskern in die Creme drücken, die Oberfläche der Füllung sollte glatt sein.

6 Die restliche Schokolade ggf. nochmals aufwärmen und mithilfe eines Teelöffels auf die Füllung geben, sodass die Hohlkörper vollständig bedeckt und die Pralinen verschlossen sind. Die Mulden vorsichtig mit der Palette glatt streichen, die Form mind. 3 Std. in den Kühlschrank stellen und die Schokolade fest werden lassen.

7 Anschließend die Pralinen aus der Form stürzen und innerhalb von 5 Tagen verzehren. Im Kühlschrank aufbewahren. Übrig gebliebene Schokolade erstarren lassen und anderweitig verwenden.

MEIN GENUSSTIPP

Wandeln Sie die Haselnusscreme nach Lust und Laune ab: Beispielsweise mit 2 TL Rum oder 1 Msp. Cayennepfeffer. Alternativ können Sie natürlich veganen, gekauften Haselnussaufstrich aus dem Bioladen verwenden. Ich finde allerdings, selbst gemacht schmeckt die Creme um Längen besser!

WEISSE PRALINEN

MIT HEIDELBEERFÜLLUNG

FRUCHTIG, FRISCH, ZART-SCHMELZEND

2 EL Heidelbeeren (ersatzweise andere Beeren)
150 g weiße Schokolade (siehe S. 45, ersatzweise Reismilchschokolade*)
2 EL Pflanzensahne* zum Kochen

AUSSERDEM

Pralinenform aus Silikon mit 15 Mulden
1 Pralinengitter
1 lange Palette
Backpapier

FÜR 15 PRALINEN

Zubereitungszeit: 45 Min.
Kühlzeit: mind. 3 Std.
Pro Stück ca. 75 kcal, 1 g EW, 6 g F, 4 g KH

1 Die Heidelbeeren verlesen, waschen und trocken tupfen. Die Schokolade fein hacken und über dem Wasserbad schmelzen. Das Pralinengitter auf einen ausreichend großen Teller stellen und die Pralinenform daraufsetzen.

2 Die aufgetauten Heidelbeeren mit einer Gabel zerdrücken und mit der Pflanzensahne und 2 EL geschmolzener Schokolade verrühren. Das Backpapier schräg zusammenrollen, so dass ein verschlossener, spitzer Kegel entsteht. Die Enden des Papiers am oberen Rand überklappen, so dass ein Spritzbeutel entsteht. Die Heidelbeermasse einfüllen und beiseitestellen.

3 Die Mulden vollständig mit der flüssigen Schokolade füllen. Die Form mit einer schnellen Bewegung auf den Kopf drehen, auf dem Gitter ablegen und die flüssige Schokolade kurz abtropfen lassen. Dann die Form wieder zurückdrehen und mithilfe der Palette die überflüssige Schokolade an den Rändern der Mulden gerade abstreifen. Die Form ca. 2 Min. in das Tiefkühlgerät stellen.

4 Inzwischen die Schokolade vom Abtropfteller zurück zur restlichen Schokolade geben, bei Bedarf nochmals schmelzen. Den gesamten Vorgang einmal wiederholen, damit die Schokoschicht dicker ist, und auf diese Weise 15 Pralinenhohlkörper herstellen.

5 Die Heidelbeercreme mithilfe des Spritzbeutels auf die Schokoladenmulden verteilen, dabei zum Muldenrand hin 3–4 mm Platz lassen. Die restliche Schokolade ggf. nochmals aufwärmen und mithilfe eines Teelöffels auf die Füllung geben, sodass die Hohlkörper vollständig bedeckt sind. Die Mulden vorsichtig mit der Palette glatt streichen, die Form mindestens 3 Std. in den Kühlschrank stellen und die Schokolade fest werden lassen.

6 Anschließend die Pralinen aus der Form stürzen und innerhalb von 3 Tagen verzehren. Im Kühlschrank aufbewahren. Übrig gebliebene Schokolade erstarren lassen und anderweitig verwenden.

DIESE PRALINEN SIND WAHRHAFTIG EINE SÜNDE WERT! OHNE KONSERVIERUNGSSTOFFE UND AUS FRISCHEN ZUTATEN HERGESTELLT HALTEN SIE NUR WENIGE TAGE IM KÜHLSCHRANK. BEI MIR HALTEN SIE MEIST SOGAR NUR WENIGE STUNDEN …

ZUM NACHSCHLAGEN

ZUTATEN DER VEGANEN KÜCHE

Agar-Agar: Gelatinealternative, pflanzliches Geliermittel aus Rotalgen, erhältlich als Pulver im Supermarkt, Bioladen oder Reformhaus. Muss mind. 2 Min. kochen und geliert beim Abkühlen.

Agavendicksaft oder -sirup: Ersetzt Zucker oder Honig. Je heller der Sirup, desto neutraler schmeckt er. Kann durch hellen ▸ Ahornsirup ersetzt werden. Im Bioladen oder Reformhaus erhältlich.

Ahornsirup: Je nach Grad milder bis kräftiger Geschmack. Kann durch ▸ Agavendicksaft ersetzt werden, wenn angegeben. Heller Ahornsirup (Grad A) schmeckt mild. Der dunkle Ahornsirup (Grad C) schmeckt deutlich kräftiger, erinnert an Karamell.

Albaöl: Rapsöl mit Buttergeschmack. Gute, cholesterinfreie Butteralternative. Erhältlich im Supermarkt. Sparsam einsetzen, wenn ein leichter Buttergeschmack erwünscht ist. Eignet sich super zum Braten, Backen und für Dressings.

Apfelessig und -saft, naturtrüb: Essig wird, ebenso wie klare Säfte, oft mit tierischen Hilfsmitteln (Gelatine, Hühnereiweiß, Fischblase) geklärt. Darum am besten auf naturtrüben Essig und Saft zurückgreifen.

Chiasamen: Die Samen der Chiapflanze. Gute Quelle für pflanzliche Omega-3-Fettsäuren, reich an Proteinen und Vitaminen. Quellen stark auf und werden als Verdickungsmittel eingesetzt. Die Samen sind im Bioladen oder Supermarkt erhältlich. Beim Backen und Binden durch Leinsamenschrot ersetzbar.

Flohsamenschalen: Die Samen von »Plantaga olata«, eines Wegerichgewächses. Nehmen das bis zu 50-fache ihres Eigengewichts an Wasser auf und eignen sich als ballaststoffreiches Verdickungsmittel. Erhältlich im Bioladen und Reformhaus.

Hanfsamen: Proteinreiche Samen, zum Backen und Bestreuen. Geschält (milder Geschmack) oder ungeschält (kräftig-nussiger Geschmack), im Bioladen oder Reformhaus.

Hefeflocken: Erhältlich im Bioladen oder Reformhaus, auch unter der Bezeichnung Nährhefe. Schmecken dezent »käsig« und werden zum Bestreuen statt Käse und zum Würzen eingesetzt. Nicht zu verwechseln mit Hefeextrakt und Bierhefeflocken.

Joghurt, pflanzlicher: Kann man selbst herstellen (siehe S. 41). Im Supermarkt oder Bioladen erhältlich. Fast immer auf Sojabasis, eventuell mit Kokos- oder Mandelzusätzen (selten ohne Sojazusatz auf Kokosbasis erhältlich). Für Herzhaftes ungesüßte Sorten kaufen. Lässt sich abgetropft wie Quark verwenden.

Kala Namak: Auch Schwarzsalz oder indisches Salz genannt. Riecht und schmeckt schwefelig, kann gut geschmacklich Eier ersetzen. In Feinkostgeschäften, gut sortierten Asia- und Bioläden, im Vegan-Regal im Supermarkt oder Internet erhältlich.

Kokosmilch: Erhältlich im Bioladen oder Supermarkt. Im Unterschied zu Kokosdrink hat sie einen höheren Kokosnussanteil und ist dadurch cremiger. Oft unter Zugabe von Verdickungsmitteln wie Guarkernmehl hergestellt. Achten Sie auf Sorten, die nur Kokosnuss (mind. 30 %) und Wasser enthalten. Kokosdrink ist pur oder mit Getreide (z. B. Reis) versetzt im Handel, lässt sich aber auch selbst machen (siehe S. 39).

Mandelmus: Aus geschälten oder ungeschälten gemahlenen Mandeln (weiß oder braun), im Bioladen erhältlich, deutlich günstiger selbst herzustellen (siehe S. 43 ▸ Nussmus). Wird mit Wasser verdünnt als sahnige Sauce verwendet, pur als Brotaufstrich und mit Eiswürfeln püriert als Mandeleis.

Nackthafer: Beim Dreschvorgang fällt die Spelze komplett vom Haferkorn. Besitzt mehr wertvolle Fett- und Bitterstoffe als herkömmlicher Hafer, »schleimt« beim Kochen nicht so aus. Erhältlich im Bioladen.

Nussmus: Muse aus Nüssen wie Cashewkernen, Erd- und Haselnüssen sowie Mandeln oder Kernen (z. B. Kürbis- oder Sonnenblumenkernen) sowie Saaten (z. B. Sesam). Erhältlich im Bioladen oder gut sortierten Supermarkt. Fürs Kochen und Backen eignen sich am besten die ungesüßten, ungesalzenen Sorten. Siehe auch ▸ Mandelmus. Deutlich günstiger selbst herzustellen (siehe S. 43).

Pfeilwurzelstärke: Stärkehaltiges, säurestabiles Binde- und Verdickungsmittel aus den Wurzeln der Arrowroot-Pflanze. Auf 1/4 l Flüssigkeit 2–3 TL Pfeilwurzelstärke in wenig kaltem Wasser auflösen, unterrühren, kurz aufkochen lassen.

Pflanzendrink: Milchartige Flüssigkeit aus Soja, Reis, Kokos, Hafer, Dinkel, Mandeln, Haselnüssen oder Quinoa. Zum Backen wegen der Triebkraft am besten Sojamilch verwenden. Die meisten Sorten sind im Supermarkt, Bioladen und Reformhaus gut erhältlich und können leicht selbst gemacht werden (siehe S. 38).

Pflanzensahne: Soja-, Hafer-, Mandel- und Dinkelsahne zum Kochen sind nicht aufschlagbar und im Supermarkt, Bioladen und Reformhaus gut erhältlich. Auf der Packung als aufschlagbar gekennzeichnete Sorten gibt es im Bioladen oder Internet, selten im Supermarkt. Pflanzensahne lässt sich auch selbst machen (siehe S. 40).

Rauchsalz: Auch »Hickory-Salz« oder »Smoked Salt« genannt, erhältlich in Feinkostgeschäften und gut sortierten Bioläden und Supermärkten. Verleiht Gerichten einen rauchigen, deftigen Geschmack. Achten Sie auf tatsächlich geräucherte Sorten ohne Zugabe von künstlichen Aromen.

Schokolade: Dunkle Schokolade ab 55 % Kakaoanteil ist meist frei von tierischen Zutaten. Helle oder weiße rein pflanzliche Schokolade wird oft mit Reismilch hergestellt und ist in einigen Bioläden und veganen Onlineshops sowie im gut sortierten Supermarkt erhältlich.

Shoyu-Sauce: Mittelkräftige Würzsauce aus Sojabohnen und Getreide (Bio- oder Asialaden). Anders als Tamari-Sojasauce nicht glutenfrei.

Sojabohnen, getrocknete: nur Bioware verwenden, da sie nicht genetisch modifiziert werden darf, vorzugsweise aus der EU (siehe auch ▸ Tofu). Sorten speziell zur Herstellung von Sojadrinks sind auf der Verpackung gekennzeichnet.

Sojasauce: Fermentierte Würzsauce aus Sojabohnen, Wasser, Salz und ggf. Getreide aus dem Bio- oder Asialaden. Traditionell fermentierte Saucen ohne Zusatzstoffe haben eine höhere Qualität und müssen mehrere Monate reifen.

Tofu: Aus Sojamilch hergestellt, die zum Gerinnen gebracht und dann entwässert wird. Je nach verbleibendem Feuchtigkeitsgehalt unterscheidet man den weich-cremigen Seidentofu vom festen, zu Blöcken gepressten Naturtofu und Räuchertofu. Naturtofu ist fast geschmacksneutral. Tofu ist ein wichtiger Eiweißspender. Auf Bio-Tofu achten, hierfür darf der Soja nicht genetisch modifiziert werden.

Wein: Wie ▸ Apfelessig und Fruchtsäfte können auch Weine mit tierischen Produkten geklärt sein. Vegane Weine sind auf dem Etikett gekennzeichnet und im Bioladen, Supermarkt sowie direkt bei einigen Winzern (Internet) erhältlich.

REGISTER

IMPRESSUM

DIE AUTORIN

Nicole Just ist Wahlberlinerin. Die Enkelin eines Metzgers lebt seit 2009 vegan und berichtet darüber seit 2010 auf ihrem Blog www.vegan-sein.de. Sie gibt Kochkurse, coacht Küchenteams in der Gastronomie und kocht regelmäßig im TV. Ihr Grundsatz: Vegane Küche soll Spaß machen und einfach umzusetzen sein. Darum verzichtet Nicole Just auf teure Spezialprodukte und kocht am liebsten mit frischen Zutaten der Saison.

DER FOTOGRAF

René Riis, Neu-Berliner aus Kopenhagen, arbeitet seit über zehn Jahren selbstständig. Über 20 Koch- und Weinbücher, einige davon preisgekrönt und in Zusammenarbeit mit weltweit erfolgreichen Spitzenköchen entstanden, zählen zu seinem Portfolio. Er arbeitet regelmäßig für erfolgreiche Food-Magazine wie BEEF!, FOUR-Magazine, essen & trinken, GASTRO (Dänemark) oder Gourmet Traveller (Australien). Die Fotos für dieses Buch entstanden in Zusammenarbeit mit **Max Faber** (Foodstyling).

Syndication: www.seasons.agency
Ein Unternehmensbereich der StockFood GmbH, Tumblingerstr. 32, 80337 München, Tel: 089-7472020
Konzept: Alessandra Redies und Melanie Haizmann
Projektleitung: Verena Kordick
Lektorat: Kathrin Gritschneder
Korrektorat: Waltraud Schmidt
Satz: L42 AG, Loredana Leins, Berlin
Innenlayout, Typografie und Umschlaggestaltung: independent Medien-Design, Horst Moser, München
Fotos: S. 135: Maria Grossmann, Monika Schürle; alle anderen: René Riis
Illustrationen: Julia Hollweck, Maria Noblé
Herstellung: Susanne Mühldorfer
Repro: Longo AG, Bozen
Druck: aprinta, Wemding
Bindung: m.appl, Wemding

ISBN 978-3-8338-5701-0 – 1. Auflage 2016

Umwelthinweis: Dieses Buch ist auf PEFC-zertifiziertem Papier aus nachhaltiger Waldwirtschaft gedruckt.

QUALITÄTS G|U GARANTIE

Liebe Leserin, lieber Leser,

haben wir Ihre Erwartungen erfüllt? Sind Sie mit diesem Buch zufrieden? Haben Sie weitere Fragen zu diesem Thema? Wir freuen uns auf Ihre Rückmeldung, auf Lob, Kritik und Anregungen, damit wir für Sie immer besser werden können.

GRÄFE UND UNZER Verlag
Leserservice
Postfach 86 03 13
81630 München
E-Mail:
leserservice@graefe-und-unzer.de

Telefon: 00800 / 72 37 33 33*
Telefax: 00800 / 50 12 05 44*
Mo–Do: 9.00 – 17.00 Uhr
Fr: 9.00 – 16.00 Uhr
(gebührenfrei in D, A, CH)*

Ihr GRÄFE UND UNZER Verlag
Der erste Ratgeberverlag – seit 1722.

Backofenhinweis:
Die Backzeiten können je nach Herd variieren. Die Temperaturangaben in diesem Buch beziehen sich auf das Backen im Elektroherd mit Ober- und Unterhitze und können bei Gasherden oder Backen mit Umluft abweichen. Details entnehmen Sie bitte der Gebrauchsanweisung für Ihren Herd.

Die **GU-Homepage** finden Sie unter **www.gu.de**.

www.facebook.com/gu.verlag

GRÄFE UND UNZER

Ein Unternehmen der
GANSKE VERLAGSGRUPPE